Guido d´Arezzo

Epistola Guidonis Michaeli Monachio de ignoto cantu directa

Brief Guidos an den Möch Michael

Guido d´Arezzo

Epistola Guidonis Michaeli Monachio de ignoto cantu directa
Brief Guidos an den Möch Michael

ISBN/EAN: 9783743679214

Hergestellt in Europa, USA, Kanada, Australien, Japan

Cover: Foto ©Lupo / pixelio.de

Weitere Bücher finden Sie auf **www.hansebooks.com**

MICHAELI MONACHO

DE IGNOTO CANTU

DIRECTA

d. i.

Brief Guido's

an den

Mönch Michael

über

einen unbekannten Gesang,

übersetzt und erklärt

von

Mich. Hermesdorff,
Dom-Musikdirector.

Trier, 1884.
Druck und Commissions-Verlag der Paulinus-Druckerei.

Vorbemerkung.

In neuester Zeit ist der Name Guido's von Arezzo wieder sehr in den Vordergrund getreten und damit das Interesse für die Person und das Wirken dieses in der Musikgeschichte hochberühmten Mannes bei Vielen neu erwacht. Wir glauben deßhalb den Wünschen weiterer Kreise entgegen zu kommen, wenn wir hier eine der Hauptschriften Guido's, deren Uebersetzung und Erklärung bereits in der Zeitschrift „Cäcilia", Jahrgang 1873 von uns gegeben wurde, nochmals zum Abdrucke bringen. Neben dem Micrologus*) hat die vorliegende Epistola Guidonis insofern eine ganz besondere Bedeutung, als in ihr die einzigen Andeutungen über die Lebensverhältnisse Guido's gefunden werden, zugleich auch in musikalischer Hinsicht manche practische Winke enthalten sind, welche das Verständniß der mehr theoretischen Erörterungen des Micrologus und des Choralsystems überhaupt wesentlich erleichtern. Möge im Interesse der Sache gegenwärtiges Büchlein eine weite Verbreitung finden und damit auch das archäologische Studium des Choralgesanges im Ganzen und Einzeln immer mehr Freunde gewinnen.

Der Herausgeber.

---

*) Micrologus Guidonis de disciplina artis musicae, übersetzt und erklärt von M. Hermesdorff. Trier 1876. Preis 1,50 ℳ.

Epistola Guidonis
Michaeli Monacho
de ignoto cantu directa.[1])

Beatissimo atque dulcissimo Fratri Michaeli Guido, per anfractus multos dejectus et auctus. Aut dura sunt tempora, aut divinae dispositionis obscura discrimina, dum et veritatem fallacia et charitatem saepe conculcet invidia, quae nostri ordinis vix deserit societatem, quo Philistinorum concio Israeliticam puniat pravitatem; ne si mox fiat quidquid, ut volumus, adeo in se confidens periturus decidat animus. Tunc enim est vere bonum id, quod facimus, cum nostro Factori adscribimus omne, quod possumus.[2])

---

[1]) D. h. über die Art und Weise, eine bisher nicht gekannte Melodie ohne Beihülfe eines Lehrers oder eines Instrumentes kennen zu lernen. (Non ergo debemus semper pro **ignoto cantu** vocem hominis vel alicujus instrumenti quaerere, ut quasi caeci videamur nunquam sine ductore procedere; [cf. unten im Verlaufe gegenw. Abhandlung].)

[2]) Hier und im Folgenden deutet Guido auf die mannigfachen Verfolgungen hin, welche ihm der Neid und die Mißgunst seiner Mitbrüder bereitet hatte, so daß er, während er von den Einen sich geehrt und hoch erhoben fand (auctus), von den Anderen verläumdet, geschmäht und herabgedrückt wurde (dejectus). Der Grund zu dieser Mißgunst und Verfolgung, welche soweit ging, daß selbst der Abt des Klosters zu Pomposa gegen ihn eingenommen wurde (cf. weiter unten) scheint einzig und allein darin zu suchen zu sein, daß er, wie er

Brief Guido's
an den
Mönch Michael über einen unbekannten Gesang.[1])

Seinem sehr verehrten, innigst geliebten Bruder Michael Guido, durch die manchfache Behandlung eines launischen Geschickes verachtet und geehrt. — Die Zeiten sind hart, oder doch dunkel die Prüfungen und Rathschlüsse der göttlichen Vorsehung, da oft die Wahrheit durch Lug und die Liebe durch den Neid zertreten wird, der die unzertrennbare Plage unsers Ordens geworden zu sein scheint, auf daß Gott durch die Verschwörung der Philister die Verworfenheit Israels bestrafe; damit nicht, wenn Alles sofort nach Wunsch uns geschehe, die allzusehr auf sich selbst vertrauende Seele falle und zu Grunde gehe. Dann erst ist ja wahrhaft gut, was wir thun, wenn wir all unser Vermögen und Können unserm Schöpfer zueignen.[2])

---

im Eingange seines Micrologus sagt, neben der Beschäftigung mit anderen Wissenschaften, auch eine Gesangschule gründete (cepi inter alia studia musicam tradere pueris), in welcher er nach einer neuen Methode mit großem Erfolge kleine Knaben in der Kenntniß der Musik unterrichtete. Daher sein Vergleich mit dem Künstler, der die Kunst erfand, Glas biegsam zu machen und nach Art der Metalle in allen möglichen Formen zu verarbeiten, dafür jedoch aus Neid getödtet wurde. Der Schauplatz dieser seiner ersten Thätigkeit ist aber offenbar das Benediktinerkloster zu Pomposa, wo demnach Guido als Mönch seine Jugendzeit verbracht haben muß. — Guido's Freund und Mitbruder Michael scheint aber besonders lebhaft die Partei Guido's ergriffen und ihn in seinen musikalischen Bestrebungen unterstützt zu haben, weßhalb er wahrscheinlich mit ihm dasselbe Schicksal theilen und schließlich das Kloster zu Pomposa ebenfalls verlassen

Inde est, quod me vides prolixis finibus exulatum, ac teipsum, ne vel respirare quidem possis, invidorum laqueis suffocatum.¹) Qua in re simillimos nos cuidam

mußte. Die Mittheilung Guido's in gegenwärtigem Briefe, daß er ihren gemeinsamen Vater, den Abt Guido von Pomposa, besucht, und daß dieser in Reue über sein früheres Verhalten ihn eingeladen habe, wieder nach Pomposa zu kommen, zwingt wenigstens zu der Annahme, daß auch Michael nicht mehr im Kloster zu Pomposa sich aufhielt. Wo derselbe aber verweilte, läßt sich aus gegenwärtigem Zuschreiben nicht erkennen.

¹) Guido selbst scheint manchfach umhergeirrt zu sein, und da er sich hier einen weit vom Vaterlande Verbannten nennt, so dürfte hierin eine Bestätigung gefunden werden für die mehrfach sich findende Nachricht, daß er, von dem Bischofe Hermann von Bremen eingeladen, eine Zeit lang dort verweilt und den Gesang gelehrt habe. Es findet sich diese Nachricht bei Leibnitz in dem Chronicon Alberti, Stadensis, wo es heißt: „Herimannus primo quidem musicum Guidonem Breman adduxit, cujus industria melodiam et claustralem disciplinam correxit." Ebenso in dem Chronicon Slavorum Helmoldi presbyteri Bosoviensis, wo erwähnt wird, daß unter dem Bischofe Hermann ein gewisser Macko, dem der Bischof als seinem Stellvertreter die Leitung seiner Kirche überlassen hatte, einen Musikgelehrten Namens Guido nach Bremen berufen habe, um den Gesang dort zu lehren. („sub Hermanno Macko quidam, cui ecclesiam suam tanquam vice-domino commisit, quemdam **Guidonem musicum** Bremam adduxit, cujus industria melodiam et claustralem disciplinam emendavit.") In gleicher Weise wird das Faktum erwähnt in der Bremer Chronik von Johannes Renner (im Jahre 1583 in Versen abgefaßt), wo es heißt:

He was Pravest tho Halverstadt
Dit Ertz-Stifft dre Jahr besat,
Ein Mann van groter simpelheit
Hadde nicht der Schlangen Wisheit;
Den Sang he hefft gerichtet an,
Dorch **Guidon**, de den erst began etc.

Auch das zeitliche Datum steht dieser Annahme nicht entgegen, scheint vielmehr dafür zu sprechen. — Am Schlusse unseres Schreibens

So kommt es denn, daß Du mich weit von meinem Vaterlande verbannt siehst, und daß Du selbst unter dem Drucke des Neides kaum athmen kannst.¹) Wir gleichen beide hierin jenem Künstler, der dem Kaiser Augustus einen un-

---

weist nämlich Guido zum genaueren Studium auf seinen „Micrologus", als ein schon allgemeiner bekanntes Werk hin, so daß also die Abfassung desselben bereits geraume Zeit vor gegenwärtigem Schreiben stattgefunden haben muß. Baronius aber gibt ad ann. 1022 n. 22 an, daß Guido den Micrologus in seinem 34. Lebensjahre unter Papst Johann XX. (XIX.), der nach Benedikt VIII. von 1024 bis 1033 auf dem päpstlichen Stuhle saß, geschrieben habe. (Johanne XX. gubernante ecclesiam, micrologum suum edidit Guido anno trigesimo quarto aetatis). — Er bedizirte ihn dem Bischofe Teubaldus (Theobaldus, Theobalbus) von Arezzo, welcher vom Jahre 1014 bis 1037 den bischöflichen Stuhl inne hatte. Der Abt Guido von Pomposa, welchen unser Guido auf seiner Rückreise von Rom besuchte, starb am 31. März 1046, nachdem er 48 Jahre lang dem Kloster zu Pomposa vorgestanden. — Die Regierungszeit des Bischofs Hermann von Bremen wird von mehreren zwischen die Jahre 1030 und 1035 verlegt. Setzt man demnach die Abfassung des Micrologus in das Jahr 1024 oder 1025, so gebrauchte das allgemeine Bekanntwerden dieser Abhandlung, wie es hier vorausgesetzt wird, immerhin 5 bis 6 Jahre, wie überhaupt der schließlich bis zu dem Papste Johann hindringende hohe Ruf Guido's nur durch seine Reisen und seinen immer wechselnden Aufenthaltsort, also erst nach längerer Zeit, so allgemein sich verbreiten konnte. Auch der Umstand, daß Guido grade diese Romreise benutzte, um den Abt Guido zu Pomposa, nach welchem er sich lange gesehnt, zu besuchen, deutet darauf hin, daß er nicht in Italien, etwa in Arezzo, sich vorher aufhielt. In diesem Falle hätte er nicht die Rückreise von Rom abzuwarten gebraucht, um nach Pomposa zu gehen, wohin er von Arezzo und von jedem andern Orte Italiens eben so leicht und noch leichter kommen konnte, als bei seiner Rückreise von Rom. Arezzo aber, welches an der Straße von Florenz über Perugia nach Rom liegt, mußte er, wenn er von Norden kam, jedenfalls berühren, und konnte er demnach den Abt Grunwald und den Probst Petrus von Arezzo zur Mitreise von hier aus bewegen, während das zwischen Ferrara und Ravenna ganz abseits am Meere gelegene Pomposa am besten zu einem Abstecher auf

dico artifici, qui cum Augusto Caesari incomparabilem et cunctis inauditum saeculis thesaurum, flexibile videlicet vitrum, offerret, quia aliquid super omnes homines potuit, ideoque aliquid super omnes promereri se credidit, pessima sorte jussus est occidi; ne si, ut est mirabile vitrum, posset esse durabile, regius omnis thesaurus, qui de diversis erat metallis, fieret extemplo vitabilis.

Sicque ex illo tempore maledicta semper invidia, sicut quondam paradisum, et hoc quoque mortalibus abstulit commodum. Nam quia invidia artificis nullum voluit edocere, potuit regis invidia artificem cum arte perimere.

Unde ego inspirante Deo charitatem, non solum tibi, sed et aliis, quibuscumque potui, summa cum festinatione ac sollicitudine a Deo mihi indignissimo datam contuli gratiam: ut quos ego et omnes ante me summa cum difficultate ecclesiasticos cantus didicimus, ipsos posteri cum summa facilitate discentes, mihi et tibi ac reliquis adjutoribus meis aeternam optent salutem, fiatque per misericordiam Dei peccatorum nostrorum remissio, vel modica tantorum ex charitate oratio. Nam si illi pro suis apud Deum devotissime intercedunt

---

seiner Rückreise benutzt werden konnte. Den auf die Einladung des Abtes Guido hin gefaßten Entschluß, nach Pomposa zurückzukehren, konnte Guido jedenfalls erst ausführen, nachdem er sich seiner früher eingegangenen Verpflichtungen entledigt hatte. Es würde also auch mit Bezug hierauf sich annehmen lassen, daß Guido zunächst nach

vergleichlichen und allen vorhergehenden Zeiten unbekannten Schatz anbot, nämlich biegsames Glas, wofür er, weil er in dieser seiner Kunst über alle Menschen erhaben war, auch einen ganz besonderen Lohn sich zu verdienen erwartete, jedoch nur ein trauriges Schicksal fand, da man ihn tödten ließ, aus Furcht, es möchte, wenn das Glas eben so dauerhaft sein könnte, wie es wunderbar war, der ganze königliche Schatz, der nur aus Zierrathen von verschiedenen Metallen bestand, mit einem Male jeden Werth verlieren.

Und so war es von jeher immer der unselige Neid, der den Sterblichen, wie einst das Paradies, so auch diesen Vortheil entführte. Denn wie nur der Neid des Künstlers es war, der Niemanden das Geheimniß der Kunst lehren wollte, so war es auch nur der Neid des Königs, der den Künstler mit der Kunst vernichten konnte.

Daher denn habe ich, indem mir Gott die Liebe einflößte, nicht allein Dir, sondern auch Andern, wo ich nur konnte, mit dem größten Eifer und Fleiße die mir höchst Unwürdigem von Gott verliehene Gabe mitgetheilt; daß sie nämlich die kirchlichen Gesänge, welche ich, wie alle meine Vorfahren, mit der größten Schwierigkeit gelernt habe, nun in Zukunft mit außerordentlicher Leichtigkeit erlernen könnten, wofür sie mir und Dir und allen meinen Mitarbeitern das ewige Heil erbitten wollen, und wofür uns durch die Barmherzigkeit Gottes Vergebung unserer Sünden, oder wenigstens ein kleines Liebesgebet zukommen möge von so Vielen, welchen unser Unterricht zu Gute gekommen ist. Denn wenn jene zu Gott fromme

---

Bremen zurückging, von hier aus seinem Confrater Michael das Resultat seiner Reise und seine weiteren Entschlüsse mittheilte, und dann nach Abwicklung seiner Geschäfte zuerst, wie er versprochen, für den Winter nach Rom und von dort nach Pomposa zu bleibendem Aufenthalte gegangen sei.

magistris, qui hactenus ab eis vix decennio cantandi imperfectam scientiam consequi potuerunt, quid putas pro nobis nostrisque adjutoribus fiet, qui annali spatio, aut si multum, biennio perfectum cantorem efficimus? Aut si hominum consueta miseria beneficiis tantis ingrata exstiterit, numquid justus Deus laborem nostrum non remunerabit? An quia Deus totum hoc facit, et nos sine illo nihil possumus, nihil habebimus? Absit. Nam et apostolus, cum gratia Dei sit id, quod sit, cantat tamen: „Bonum certamen certavi, cursum consummavi, fidem servavi; in reliquo reposita est mihi corona justitiae."

Securi ergo de spe retributionis instamus operi tantae utilitatis; et quia post multas tempestates rediit diu optata serenitas, navigandum est feliciter.[1])

Sed quia diffidit tua de libertate captivitas, rei ordinem pandam. Summae sedis apostolicae Johannes, qui modo Romanam gubernat ecclesiam, audiens famam nostrae scholae, et quomodo per nostra antiphonaria inauditos pueri cognoscerent cantus, valde miratus, tribus nuntiis me ad se invitavit. Adii igitur Romam cum Domno Grunvaldo, reverendissimo Abbate, et Domno Petro, Aretinae ecclesiae Canonicorum Praeposito, viro pro nostri temporis qualitate scientissimo. Multum ita-

---
[1]) D. h. so kann es nicht ausbleiben, daß wir Erfolg von unserem Werke, unserer Arbeit, haben.

Gebete verrichten für ihre Lehrmeister, welche bisher kaum in zehn Jahren eine unvollständige Kenntniß des Gesanges in deren Schule sich erwerben konnten, was wird denn wohl für uns und unsere Mitarbeiter geschehen, die wir im Zeitraum eines, höchstens zweier Jahre einen vollendeten Sänger bilden? Oder wenn auch, der schlechten Gewohnheit gemäß, die Menschen für so große Wohlthaten sich undankbar zeigen sollten, wird nicht die Gerechtigkeit Gottes unsere Arbeit belohnen? Oder sollen wir etwa deßhalb, weil im Grunde genommen nur Gott Alles dieses thut, und wir ohne ihn Nichts vermögen, leer ausgehen? Dieser Gedanke sei fern von uns. Denn auch der Apostel, wiewohl er anerkennt, daß er nur durch die Gnade Gottes sei, was er sei, sagt dennoch: „Ich habe den guten Kampf gekämpft, den Lauf vollendet, den Glauben bewahrt; im Uebrigen ist mir hinterlegt die Krone der Gerechtigkeit."

In der sichern Erwartung unsers Lohnes wollen wir demnach ausharren bei einem so nützlichen Werke; und weil nach vielen Stürmen die lang ersehnte Heiterkeit zurückgekehrt ist, so müssen wir sicher fahren.[1])

Da Du jedoch in Deiner Gefangenschaft auf Befreiung wenig rechnen wirst, so will ich Dir den Stand der Sache brieflich darlegen. Als Johannes, der jetzt den apostolischen Stuhl inne hat und die römische Kirche regiert, von unserer Schule hörte und wie mit Hülfe unserer Antiphonaria Knaben bisher noch nicht gehörte Gesänge erlernten, wurde er ganz in Staunen versetzt und ließ mich durch drei Abgesandte zu sich berufen. Ich ging demnach nach Rom in Begleitung des hochwürdigsten Abtes Herrn Grunvald und des Herrn Petrus, Probst der Kirche zu Arezzo, eines nach den Verhältnissen unserer Zeit wissenschaftlich äußerst gebildeten Mannes. Sehr erfreut war der Papst bei meiner Ankunft; er unterhielt sich viel mit mir und legte mir verschiedene Fragen vor; und indem er unser

que Pontifex meo gratulatus est adventu, multa colloquens et diversa perquirens: nostrumque velut quoddam prodigium saepe revolvens antiphonarium, praefixasque ruminans regulas, non prius destitit, aut de loco, in quo sedebat, abscessit, donec unum versiculum inauditum sui voti compos edisceret, ut quod vix credebat in aliis, tam subito in se recognosceret. Quid plura? Infirmitate cogente Romae morari non poteram vel modicum, aestivo fervore in locis maritimis ac palustribus nobis minante excidium. Tandem condiximus, mox hieme redeunte me illuc debere reverti, quatenus hoc opus praelibato Pontifici suoque clero debeam propalare.

Post paucos dehinc dies Patrem vestrum atque meum [1]) D. Guidonem Pomposiae Abbatem, virum Deo et hominibus merito virtutis et sapientiae charissimum et animae meae partem videre cupiens visitavi, qui et ipse vir perspicacis ingenii nostrum antiphonarium ut vidit, extemplo probavit et credidit, nostrisque aemulis

---

[1]) Diese Bezeichnung dürfte wohl darauf hindeuten, daß unser Guido und sein Freund Michael in frühester Jugend in das Kloster zu Pomposa gekommen sind und unter der Leitung des hl. Abtes Guido leiblich und geistig erzogen wurden, weßhalb sie auch in ihren späteren Jahren und selbst da, als sie nicht mehr unter seiner direkten Leitung standen, ihn immer noch mit Recht als ihren Vater bezeichnen konnten. Hierbei erklärt sich auch am ehesten die große Liebe und Anhänglichkeit, welche Guido in den folgenden Ausbrücken zu erkennen gibt, die trotz des eingestandener Maßen erlittenen Unrechtes in unserm Guido so wenig erschüttert worden war, daß er auch jetzt noch den Abt Guido in so rührender Weise als „partem

Antiphonar wie ein Wunderwerk oft durchsah und die vorangehefteten Regeln wiederholt durchlas, gab er sich nicht eher zufrieden und stand nicht eher von seinem Sitze auf, bis er seinem Wunsche gemäß einen Vers, den er bisher noch nicht singen gehört, erlernt hatte, so daß er, was er bei Andern kaum für möglich hielt, in eigener Person so schnell als richtig erkannte. Doch was soll ich mehr hierüber sagen? — Wegen Unpäßlichkeit konnte ich nicht einmal kurze Zeit zu Rom mich aufhalten, da die sommerliche Sonnenhitze in diesen wasserreichen sumpfigen Orten uns den Untergang drohte. Wir kamen demnach schließlich überein, daß ich alsbald bei Anfang des Winters wieder zurückkehren sollte, damit ich dem Papste, der bereits einen Vorgeschmack der Sache hatte, und seinem Clerus unsere Arbeit vollständig auseinandersetzte.

Wenige Tage später besuchte ich Herrn Guido, Abt zu Pomposa, Deinen und meinen Vater[1]), einen Mann, Gott und den Menschen in Ansehung seiner Tugend und seiner Weisheit höchst theuer und mir besonders an's Herz gewachsen, den ich sehnlichst zu sehen wünschte. Kaum hatte dieser mit seinem scharfen, durchdringenden Geiste unser Antiphonarium gesehen, so erkannte er auch sofort den Werth desselben und sprach seinen Beifall aus, indem er zugleich sehr bedauerte,

---

animae meae", „die Hälfte meiner Seele", nennt. Eine solche Anhänglichkeit kann aber nur in einem Verhältnisse wurzeln, welches nicht auf bloße Hochachtung und Ehrfurcht gegründet ist, sondern vielmehr auf die aufopfernde Liebe und Sorgfalt, wie sie ein Vater dem Kinde nur zu erzeigen vermag. Diese ungetrübte Liebe ist aber zugleich ein herrliches Zeugniß für den edeln, großmüthigen Charakter unsers Guido, sowie sie andererseits erkennen läßt, welche Anstrengungen Neid und Mißgunst gemacht haben müssen, daß selbst das Herz des heiligen Abtes Guido diesem liebenden, geistigen Sohne gegenüber irre geführt werden konnte.

se quondam consensisse poenituit, et ut Pomposiam veniam, postulavit; suadens mihi monacho esse praeferenda monasteria episcopatibus¹), maxime Pomposiam, propter studium, quod modo est per Dei gratiam et reverendissimi Guidonis industriam nunc primum in Italia repertum.

Tanti itaque Patris orationibus flexus, et praeceptis obediens, prius auxiliante Deo volo hoc opere tantum et tale monasterium illustrare, meque monachum monachis praestare; cum praesertim Simoniaca haeresi modo prope cunctis damnatis episcopis, timeam in aliquo communicari.

Sed quia ad praesens venire non possum, interim tibi de inveniendo ignoto cantu optimum dirigo argumentum, nuper nobis a Deo datum, et utillimum comprobatum. De reliquo D. Martinum Priorem sacrae congregationis, nostrumque maximum adjutorem plurimum saluto, ejusque orationi me miserum plurima prece commendo, Fratrem quoque Petrum memorem memoris esse commoneo, qui nostro lacte nutritus non sine labore maximo agresti vescitur hordeo, et post aurea pocula vini confusum bibit acetum.

Ad inveniendum igitur ignotum cantum, beatissime Frater! prima et vulgaris regula haec est, si litteras, quas quaelibet neuma habuerit, in monochordo sonaveris,

---

¹) Auch hierin könnte eine Hinweisung gefunden werden, daß

daß er früher unsern schelsüchtigen Nebenbuhlern beigestimmt habe. Er bat mich, nach Pomposa zu kommen, indem er mich zu überzeugen suchte, daß ich als Mönch die Klöster den Bischofs-Sitzen [1]) vorziehen müsse, besonders Pomposa, wegen des Interesses (für meine Methode), was durch Gottes Gnade und des hochwürdigsten Herrn Guido eifrigste Fürsorge eben jetzt zunächst in Italien gefunden werde.

Durch die Bitten eines so geliebten Vaters bewogen und gehorsam seinen Belehrungen will ich denn mit der Hülfe Gottes dieses so ausgezeichnete Kloster zunächst mit diesem unserm Werke verherrlichen und mich den Mönchen als Mönch erweisen, besonders da eben beinahe sämmtliche Bischöfe als simonisch verurtheilt sind, und ich mit einem solchen in Beziehung zu treten mich scheue.

Weil ich indessen für den Augenblick nicht zu Dir kommen kann, so schicke ich Dir vorläufig ein vortreffliches Verfahren, um einen bisher nicht gekannten Gesang zu finden; es wurde mir neulich von Gott eingegeben und hat sich als sehr nützlich bewährt. Uebrigens bitte ich, den Herrn Martinus, den Prior der heiligen Congregation, unseren vorzüglichsten Beförderer, herzlichst zu grüßen, indem ich mich Elenden seinem Gebete inständigst empfehle. Auch ermahne ich den Bruder Petrus, meiner eingedenk zu sein, sowie ich ihn nicht vergesse, ihn der einst von unsrer Milch genährt jetzt bei schwerer Arbeit schlechtes Gerstenbrod genießt, und statt früher Becher goldenen Weines nun ein Gemisch von Essig trinken muß.

Um also einen unbekannten Gesang zu finden, geliebtester Bruder, ist es die erste und bisher gewöhnlich befolgte Regel, daß du auf dem Monochorde die Buchstaben, welche über jede

---

[1]) Guido vor seiner Romreise zu Bremen, dem Bischofssitze, thätig gewesen sei.

atque ab ipso audiens tamquam ab homine magistro discere poteris. Sed puerulis ista est regula, et bona quidem incipientibus, pessima autem perseverantibus. Vidi enim multos acutissimos philosophos, qui pro studio hujus artis non solum Italos, sed etiam Gallos atque Germanos, ipsosque etiam Graecos quaesivere magistros; sed quia in hac regula confisi sunt, non dico musici, sed neque cantores unquam fieri, vel nostros psalmistas puerulos imitari potuerunt. Non ergo debemus semper pro ignoto cantu vocem hominis vel alicujus instrumenti quaerere, ut quasi caeci videamur nunquam sine ductore procedere; sed singulorum sonorum, omniumque dispositionum et elevationum diversitates proprietatesque altae memoriae commendare.[1) Habebis ergo argumentum ad inveniendum inauditum cantum facillimum et

---

[1)] Das ganze Verfahren läuft darauf hinaus, dem Schüler die Fertigkeit beizubringen, sofort jeden Ton richtig aufzufassen, nicht seiner Tonhöhe nach, sondern der charakteristischen Färbung nach die jeder Ton im Zusammenhange mit andern Tönen erhält durch das eigenthümliche Verhältniß, in welchem er zu den übrigen Tönen steht. (Es ist dasselbe, wie wenn man heute einem Schüler irgend eine Tonphrase vorsingt oder vorspielt und ihn dann angeben läßt, ob dieselbe im Grundtone, in der Secunde, Terz, Quint u. s. w. geschlossen habe. Der Tonhöhe nach könnte dieser Schlußton stets ein und derselbe Ton sein. Dieser eine Ton wird aber immer in ganz verschiedener charakteristischer Färbung erscheinen, je nachdem er im Zusammenhange des Ganzen als Grundton, Secunde, Terz, Quint u. s. w. auftritt. Grade diese aus dem Zusammenhange sich ergebende Eigenthümlichkeit (proprietas) eines jeden Tones ist es, worauf auch heute noch der Sänger besonders achten muß; die Tonhöhe kommt dabei zunächst nicht in Betracht. Hat der Sänger die Töne mit

Neume gestellt sind, ertönen lässest und so nachhörend von ihm (dem Monochorde) wie aus dem Munde eines wirklichen Lehrmeisters die Melodie erlernen kannst. Allein diese Regel paßt mehr für kleine Knaben und ist gut für Anfänger, aber sehr unpassend für solche, welche anhaltend sich damit beschäftigen. Denn ich sah viele sehr gescheidte Philosophen, welche zur Erlernung dieser Kunst nicht nur italienische, sondern auch französische, deutsche, ja selbst griechische Lehrmeister aufsuchten. Weil sie aber immer nur auf diese Regel sich verließen, so konnten sie niemals, ich will nicht sagen, eigentliche Musikgelehrten, sondern nicht einmal ordentliche Sänger werden, welche es unsern Chorknaben gleich thun konnten. Darum dürfen wir zur Erlernung eines bisher nicht gekannten Gesanges nicht immer der Stimme eines Vorsängers oder des Tones eines Instrumentes uns bedienen, ähnlich wie Blinde, die nicht ohne Führer gehen können, sondern wir sollen die Verschiedenheiten und Eigenthümlichkeiten der einzelnen Töne und aller absteigenden und aufsteigenden Intervalle dem Gedächtnisse tief einprägen [1]).

Du wirst nun das Verfahren zur Auffindung eines noch nicht gehörten Gesanges sehr leicht und sehr zweckmäßig finden, wenn

---

Rücksicht auf ihr Verhältniß zum Ganzen richtig aufgefaßt, so wird er leicht den Fortgang der Melodie in jeder Thonhöhe finden können. Grade die richtige Auffassung der Töne bildet aber heute noch für die meisten Choralsänger die Hauptschwierigkeit. Es ist oft wunderbar, zu sehen, mit welcher Sicherheit manche Sänger eine angestimmte Melodie durchzusingen verstehen, wie wenig sie aber sich zu helfen wissen, wenn sie eine Choral-Melodie selbständig anstimmen sollen. Der Grund liegt eben darin, daß sie die Töne in ihrer eigenthümlichen Stellung zum Ganzen nicht sofort richtig aufzufassen wissen. Ist diese ihnen durch die Intonation eines Andern einmal klar gelegt, dann, wie gesagt, macht denselben das Treffen der Töne in den verschiedensten Intervallen-Fortschritten keine weitere Schwierigkeit. Hierauf bezieht sich denn auch die ganze Auseinandersetzung Guido's, wenigstens läßt ein anderer Sinn sich nicht wohl damit verbinden.

probatissimum, si sit, qui non modo scripto, sed potius familiari collocutione secundum morem nostrum noverit aliquem edocere. Namque postquam hoc argumentum cepi pueris tradere, ante triduum quidam eorum potuerunt ignotos cantus leviter canere, quod aliis argumentis nec multis hebdomadibus poterat evenire. Si quam ergo vocem vel neumam vis ita memoriae commendare [1]), ut ubicumque velis, in quocumque cantu, quem scias vel nescias, tibi mox possit occurrere, quatenus mox illum indubitanter possis enuntiare, debes ipsam vocem vel neumam in capite alicujus [2]) notissimae

---

[1]) Einen Ton dem Gedächtnisse einzuprägen, daß man ihn, wo man ihm begegnet, sofort angeben kann, könnte in unserer Zeit wohl so aufgefaßt werden, daß man denselben seiner Höhe nach immer sofort richtig anzugeben wüßte, wie z. B. Manche sich rühmen, den Ton a der Stimmgabel so im Gehör zu haben, daß sie ihn jeden Augenblick in der genauen Höhe singen könnten. Dieses kann aber hier der Sinn nicht sein, da zur Zeit Guido's eine bestimmte Tonhöhe für die Töne nicht festgestellt war, und besonders in den Choral-Melodieen dieselben Töne des Systemes in ganz verschiedenen Tonhöhen genommen werden müssen, wie z. B. das fa (F fa ut) als Dominante im zweiten Tone ungefähr eine ganze Quint höher genommen werden muß, wie wenn es als Grundton des fünften Tones erscheint. Das Einprägen des Tones kann hier nur verstanden werden von der Eigenthümlichkeit, welche jedem Tone des Systemes in Folge seiner besonderen Stellung in demselben anhaftet. Diese Stellung war bei den Alten resp. ist im Choralsysteme immer unverändert dieselbe, weil von einer Versetzung der Töne durch Erhöhung oder Vertiefung keine Rede ist. Der Ton D (re) des Choralsystemes hat immer unter sich eine große und kleine Secunde: D‿C, C‿H, über sich eine große Secunde: D‿E, eine kleine Terz (D‿F u. s. w.; der Ton E (mi) hat unter sich zwei große Secunden E‿D, D‿C, über sich eine kleine Secunde: E‿F, kleine Terz: E‿G

Jemand da ist, der es überhaupt versteht, nicht so sehr durch die Schrift, als vielmehr in vertraulicher Unterhaltung, wie es bei uns Gebrauch ist, einem die Sache klar und begreiflich zu machen. Denn seit ich anfing, nach diesem Verfahren die Knaben zu unterrichten, konnten einige schon am dritten Tage ganz unbekannte Melodieen mit Leichtigkeit absingen, was in anderer Weise nach vielen Wochen nicht hätte geschehen können.

Wenn Du nun irgend einen Ton oder eine Tonverbindung dem Gedächtnisse so einprägen willst,[1] daß Du denselben, wo Du immer willst, in welchem bekannten wie unbekannten Gesange er Dir begegnen mag, sofort und mit aller Sicherheit angeben kannst, so mußt Du diesen selbigen Ton oder diese Tonverbindung am Anfange irgend einer[2] Dir vollständig

---

u. s. w. In unserm modernen Tonsysteme wird diese Eigenthümlichkeit theilweise dadurch verwischt, daß ein und derselbe Ton durch Erhöhung oder Vertiefung der zunächst liegenden Töne in ganz verschiedene Beziehung zum Ganzen gestellt werden kann.

[2] alicujus, irgend eines. — Um einen Ton mit Rücksicht auf seine eigenthümliche Stellung im Systeme oder irgend ein Interval oder eine Intervallenfolge in jedem Gesange sofort richtig auffassen und angeben zu können, soll man sich irgend eine beliebige Melodie merken, welche mit diesem Tone anfängt, also für jeden Ton irgend eine solche entsprechende Melodie. Das Verfahren ist wirklich sehr praktisch und kann heute noch mit Erfolg angewendet werden. Beginnt z. B. eine Choralmelodie mit re, und ruft sich der Sänger zunächst irgend eine wohlbekannte Melodie ins Gedächtniß, welche mit demselben Tone re beginnt, z. B. den Introitus:
Dac aa   DF D DC F G Fa a
„Statuit", oder die Antiphone: „Sacerdos in aeternum", oder den
         D a♮
Hymnus: „Ave maris stella", — oder beginnt ein Choralstück mit
                                              E E F E D
„mi", und er erinnert sich zuerst der Melodie des Pange lingua, so ist dem Sänger damit sofort die Tonalität des Ganzen klar gelegt, und er wird nun den Gesang ebenso sicher anstimmen und weiter singen, wie wenn ein Anderer ihm denselben angestimmt hätte.

symphoniae notare, et pro unaquaque voce memoriae retinenda hujusmodi symphoniam in promtu habere, quae ab eadem voce incipiat: utpote sit haec symphonia, qua ego docendis pueris imprimis atque etiam in ultimis utor [1]).

C D F DE D	D D C D E E
Ut queant laxis	*re*sonare fibris
EFG E D EC D	F G a GFE D D
*mi*ra gestorum	*fa*muli tu - orum,
GaG FE F G D	a Ga FG a a
*sol*ve polluti	*la*bii reatum,
GF ED C E D	
sancte Johannes.	

[1]) Guido gibt als Beispiel einer solchen Melodie den Hymnu auf den hl. Johannes Baptista an, der allerdings den Vortheil biete daß hier jede Zeile mit einem andern Tone anhebt und dazu no in der Reihenfolge, wie die Töne im Systeme sich folgen. Wen demnach der Schüler die ganze Melodie des Hymnus sich so fest ei geprägt hatte, daß er die Anfangstöne jeder Zeile rasch nach einande mit Weglassung des weitern Fortgangs der Melodie, singen konnt also folgendermaßen:

Ut queant laxis
Resonare fibris
Mira gestorum
Famuli tuorum
Solve polluti
Labii reatum,

dann konnte er die Töne nicht nur in ihrem allgemeinen Verhä nisse zum ganzen Systeme, sondern auch in ihrem gegenseitigen V hältnisse zu einander sich jederzeit leicht klar machen. — In geschic licher Hinsicht ist zu bemerken, daß die oben angegebene Melodie Hymnus uns nur in Cod. lat. 14965a der Münchener Hof- u Staatsbibliothek begegnet ist. In allen alten uns zu Gesicht kommenen Handschriften entspricht sie der Lesart des Codex St. Blasien, aus welchem Gerbert sie in seinem Werke: De ca

bekannten und geläufigen Melodie bemerken, und darum für jeden einzelnen Ton, der im Gedächtnisse fest haften soll, eine solche Melodie zur Hand haben, welche mit eben diesem Tone beginnt, wie z. B. folgende Melodie, deren ich mich beim Unterrichte der Knaben hauptsächlich und wohl auch ausschließ= lich bediene: [1])

    C   D F DE D   D D C D E E
    Ut queant laxis   *re*sonare fibris
    EFG E D EC D   F G a GFE D D
    *mi*ra gestorum   *fa*muli tu - orum,
    GaG FE F G D   a Ga FG a a
    *sol*ve polluti   *la*bii reatum,
    GF ED C   E   D
    sancte Johannes.

et mus. sacra, tom. II. p. 45 facsimilirt hat; sie hat dort folgende Fassung:

Ut queant la-xis re-so-na-re fi-bris, Mi-ra ge-sto-rum

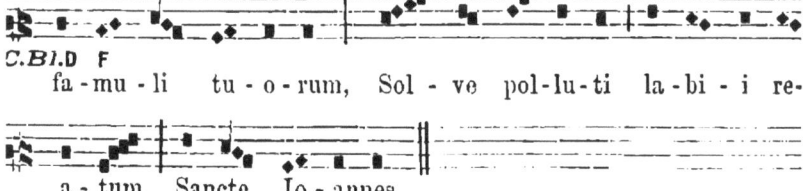

fa-mu-li tu-o-rum, Sol-ve pol-lu-ti la-bi-i re-a-tum, Sancte Jo-annes.

Gerbert bemerkt hierzu (l. c.): „Hinc sex illae syllabae, quas Guidonianas vocant, depromuntur; sed hic quidem nihil minus, quam ordinem illum, quo se se in ascensu insequuntur, reperias. Recte tamen in codice San-Emeramensi, ubi notae litteris exprimuntur: quae notandi ratio alias etiam Guidoni familiaris fuit, et probatior prae caeteris est habita." — „Von hier sind jene Silben genommen, welche man die guidonischen nennt; indessen findet man sie hier keineswegs in jener Reihenfolge, wie sie sich (im Systeme) auf= steigend folgen. Richtig aber ist in dem Coder von San=Emeram, wo die Tonzeichen durch Buchstaben ausgedrückt sind, eine Notations=

Vides itaque, ut haec symphonia senis particulis suis a sex diversis incipiat vocibus. Si quis itaque uniuscujusque particulae caput ita exercitatus noverit, ut confestim quamcumque particulam voluerit, indubitanter incipiat, easdem sex voces ubicumque viderit, secundum suas proprietates facile pronuntiare poterit. Audiens quoque aliquam neumam sine descriptione, perpende, quae harum particularum ejus fini melius aptetur, ita ut finalis vox neumae et principalis particulae aequisonae[1]) sint. Certusque esto, quia in eam vocem neuma finita est, in qua conveniens sibi particula incipit.

weise, welche auch an andern Stellen von Guido häufig gebraucht und vor den übrigen für zuverlässiger gehalten wurde." — Es folgt dann die oben im Texte mit Buchstaben bezeichnete Lesart, wobei zu bemerken ist, daß an der angezogenen Stelle (d. c. et m. s. tom. II, pag. 45) auf der Silbe la in labii a D steht, während in den Scriptores tom. II, pag. 45 nur a steht (siehe oben). — Es wäre nicht unmöglich, daß Guido zu dem besagten Zwecke die Melodie neu erfunden habe. Die Thatsache, daß hier die Zeilen der Reihe nach mit den sechs stufenweise sich folgenden Tönen C D E F G a beginnen, ist immerhin geeignet, einigen Verdacht zu erregen. Auch widerspricht dem nicht, daß sie in den beiden oben genannten Codices sich findet. Es mögen die Abschreiber sich veranlaßt gesehen haben, an Stelle der alten, herkömmlichen Melodie jene von Guido zu setzen, welche mit Rücksicht auf ihren Zweck gewiß große Verbreitung zur Zeit Guido's gefunden hatte und so auch in kirchlichen Gebrauch gekommen sein mag.

[1]) aequisonae gleichtönend, d. h. nicht mit Rücksicht auf die Tonhöhe gleich, sondern mit Rücksicht auf die aus der Stellung im Systeme sich ergebende Eigenthümlichkeit. Der Sinn ist also, wie früher schon angegeben, folgender: Die obige erste Strophe aus dem Hymnus auf den hl. Johannes besteht aus sechs Halbzeilen, welche mit sechs verschiedenen Tönen beginnen. Guido betont hier zunächst,

Wie Du siehst, beginnt diese Melodie in ihren sechs Halb=Zeilen (Hemistichen) mit sechs verschiedenen Tönen. Wenn nun Jemand den Anfangston einer jeden dieser Zeilen durch viele Uebung so im Gedächtnisse hat, daß er sofort ganz nach Belieben eine jede Zeile sicher und ohne langes Bedenken einsetzen kann, so wird er auch leicht diese sechs Töne überall, wo er sie sieht, mit Rücksicht auf ihre Eigenthümlichkeiten an= geben können. Aber auch wenn Du eine Tonverbindung nur hörst, ohne sie schriftlich aufgezeichnet vor Dir zu haben, so erwäge nur, welche dieser Zeilen dem Schlußtone jener Noten= verbindung (Neuma) am besten sich anpaßt, so nämlich, daß der Schlußton des Neuma und der Anfangston der Zeile gleichtönend [1]) sind; Du kannst dann sicher sein, daß die Tongruppe (Neuma) mit demjenigen Tone schließt, mit welchem die ihm entsprechende Zeile anhebt.

daß sie mit sechs verschiedenen Tönen beginnen; daß die Töne sich der Reihe nach, wie im Systeme, folgen, davon spricht er erst weiter unten. Aus dem Umstande, daß sie mit sechs verschiedenen Tönen beginnen, zieht er zunächst nur folgende Nutzanwendung: — Er sagt: Wenn der Schüler durch Uebung es dahin gebracht hat, daß er den jeder Halbzeile zukommenden Melodiesatz sofort singen kann, ohne den Hymnus von vorne anzufangen, dann kann er diese sechs verschiedenen Töne auch überall, wo er sie geschrieben findet, in Hinsicht ihrer eigenthümlichen Stellung im Systeme (secundum suas proprietates) richtig angeben, d. h. wenn er die sechs Zeilen durcheinander und außer Zusammenhang singen kann, dann braucht er, wenn er den Ton „a" in irgend einer Melodie sieht, nur das „Labii reatum" beim Tone F nur das „famuli tuorum", bei D nur „Resonare fibris", bei G nur „Solve polluti", bei E „mira gestorum" ins Gedächtniß sich zu rufen. Statt also, wie Guido früher sagte, für jeden Ton irgend eine beliebige entsprechende Melodie zur Hand zu haben, also z. B. für E die Melodie „Pange lingua", für D „Statuit" oder „Ave maris stella", bietet hier die eine Melodie in ihren sechs Zeilen für jeden Ton einen genügenden Anhalt. Weiter= hin kann der Schüler mit Hülfe dieser Melodie leicht erkennen, in welchem Tone eine Melodie, die er singen hört und nicht schriftlich

Si vero descriptam²) aliquam symphoniam incognitam cantare ceperis, multum cavendum est, ut ita proprie

vor sich hat, schließt. In diesem Falle hat er nur darauf zu achten, welche dieser sechs Zeilen sich am besten an den Schlußton des gehörten Melodiesatzes anschließt, so nämlich, daß der Schlußton der gehörten Melodie und der Anfangston der betreffenden Zeile, wenn sie auf gleicher Höhe genommen werden, auch in Hinsicht ihrer Eigenthümlichkeit als gleichtönend (aequisonae) sich erweisen. Wäre zum Beispiel der Schluß einer „gehörten" Melodie oder eines Melodiesatzes (Neuma) folgender:

, dann muß der

Schüler versuchen, welche Zeile am besten sich anschließt. Legt er z. B. versuchsweise die Zeile „famuli tuorum" an den Schlußton an, so daß dieselbe in gleicher Höhe mit dem Schlußtone beginnt, dann stellt sich, wenn er seine Zeile richtig singt folgender Zusammenhang heraus:

Die beiden Sätze schließen sich nicht an, wie der Schüler sogleich fühlen wird, denn wenn auch der Anfangston des famuli auf gleicher Höhe mit dem Schlußton der gehörten Melodie genommen ist, so erscheinen beide Töne mit Rücksicht auf den Zusammenhang des Ganzen nichts weniger als „gleichtönend" (aequisonae). Würde man mit der Zeile „resonare fibris" versuchen, so würde folgender Zusammenhang sich ergeben:

Auch hier ist der Zusammenhang, wiewohl das allgemeine musikalische Gefühl weniger dagegen einzuwenden hätte, kein solcher, daß Anfangston der Zeile und Schlußton der gehörten Melodiephrase in Hinsicht ihrer Eigenthümlichkeit (proprietas) als gleichtönend (aequi-

Wenn Du aber eine geschriebene [2]), im Uebrigen jedoch unbekannte Melodie zu singen beginnst, so mußt Du sehr genau

---

sonae) zu bezeichnen wäre. Schließt man aber die Zeile „mira gestorum) an:

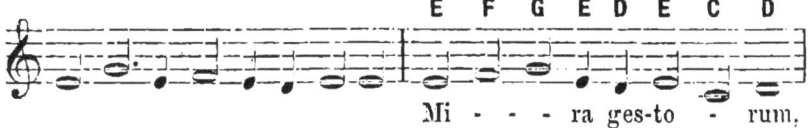
Mi - - - ra ges-to - rum,

so wird Jeder sofort fühlen, daß Anfangston der Zeile und Schlußton des Melodiesatzes in jeder Beziehung gleichtönend (aequisonae) sind. Da nun die Zeile „mira gestorum" mit E beginnt, so weiß man also auch, daß die gehörte Melodie mit E schließt. Dieses Vergleichen der Anfangstöne der einzelnen Zeilen mit dem Schlußtone eines jeden Melodiesatzes (Neuma) muß, wie Guido weiter erklärt, ebenfalls stattfinden beim Absingen einer geschriebenen Melodie. Der Sänger muß nämlich in der angegebenen Weise nach jedem Abschnitte (Neuma) sich selbst kontrolliren, ob er richtig die schriftlich vorgezeichneten Töne aufgefaßt und getroffen hat. Schließt z. B. ein Neuma im Tone E, oder im Tone A oder F u. s. w., so muß er ebenfalls die entsprechende Zeile „mira gestorum" resp. „labii reatum" oder „famuli tuorum" u. s. w. in ihrem Anfangstone mit dem Schlußtone des gesungenen Neuma vergleichen. Schließt sich die entsprechende Zeile nicht gut an (bene jungatur), so ist das ein Beweis, daß der Sänger nicht richtig die Töne angegeben hat.

²) descriptam, eine geschriebene. Es ist hierbei nicht an die Neumenschrift ohne Linien, sondern nur an eine solche Tonschrift zu denken, welche die Töne bestimmt angibt, sei es, daß die den Tönen im Systeme zukommende Buchstaben=Bezeichnung, wie oben bei dem Hymnus: Ut queant laxis, über die Textsilben und Neumen geschrieben war, sei es, daß die Neumen auf Linien gestellt und so genau fixirt waren; denn wenn die Töne nicht bestimmt und genau aus der Schrift erkannt werden können, so kann von einem Absingen prima vista ohne Lehrmeister keine Rede sein. Daher sagt auch Guido in seinen „Regulae musicae rhythmicae":

    At si littera vel color neumis non intererit,
    Tale erit, quasi funem dum non habet puteus:
    Cujus aquae, quamvis multae, nil prosunt videntibus.

d. h.: „Wenn aber den Neumen keine Buchstaben oder farbige Linien

unamquamque finias neumam, ut eodem modo finis neumae bene jungatur cum principio ejus particulae, quae ab eadem incipit voce, in qua neuma finita est. Ergo ut inauditos cantus, mox ut descriptos videris, competenter enunties, aut indescriptos audiens cito describendos bene possis discernere, optime te juvabit haec regula.

Deinde [1]) per singulos sonos brevissimas subposui [2]) symphonias, quarum particulas [3]) cum diligenter inspexeris, uniuscujusque vocis omnes depositiones et elevationes per ordinem in principiis ipsarum particularum gaudebis te invenire. Si autem hoc attentare [4])

beigefügt sind, so ist dieses ähnlich, wie wenn an einem Brunnen kein Seil sich befindet. Wenn der Brunnen auch noch so viel Wasser hat, so kann dieses dem Sehenden Nichts nützen" — und ähnlich in seinen „aliae regulae de ignoto cantu", wo es heißt: Ideoque quamvis perfecta sit positura neumarum, caeca omnino est et nihil valet sine adjunctione litterarum vel colorum." „Wenn daher die Stellung der Neumen auch noch so genau ist, so ist sie doch vollkommen dunkel und bedeutungslos (mit Rücksicht auf die Bezeichnung der Töne) ohne die Beifügung der Buchstaben oder farbigen Linien."

[1]) Nachdem Guido zunächst darauf hingewiesen hat, daß die sechs Textzeilen mit sechs verschiedenen Tönen beginnen, macht er nun darauf aufmerksam, daß die Anfangstöne der Textzeilen so beschaffen sind, daß sie für jeden Ton die der Reihe nach (stufenweise) sich folgenden Fortschritte nach unten (depositiones) und nach oben (elevationes) angeben. Will also z. B. der Schüler wissen, wie vom Tone E aus die Töne nach oben und unten fortschreiten, so braucht er nur zum Anfangstone des „mira gestorum" die Anfangstöne des „famuli tuorum" und „solve polluti" ꝛc. resp. des „resonare fibris" und „ut queant laxis" vergleichend zusammenzustellen. Ohne ein solches Hilfsmittel werden auch heute noch wohl viele Sänger, wenn sie z. B. von E aus die Tonreihe des Choralsystems nach oben oder unten

darauf achten, daß Du so eigenthümlich jedes Neuma schließest, daß in gleicher Weise der Schlußton des Neuma mit dem Anfangstone derjenigen Zeile sich verbindet, welche mit demselben Tone beginnt, in welchem das Neuma geschlossen ist. Um also noch nicht gehörte Gesänge entweder, wenn Du sie schriftlich vor Dir hast, richtig wiederzugeben, oder wenn Du sie ungeschrieben nur hörst, sofort zum schriftlichen Notiren richtig auffassen zu können, wird diese Regel Dir die trefflichsten Dienste leisten.

Sodann [1]) habe ich für die einzelnen Töne ganz kurze Melodiesätzchen beigefügt [2]) Wenn Du deren Text=Zeilen [3]) Dir genau ansiehst, so wirst Du zu Deiner Freude in den Anfangstönen der einzelnen Zeilen selbst für jeden Ton alle absteigenden und aufsteigenden Tonfortschritte, wie sie der Reihe nach sich folgen, finden. Kannst Du aber soweit es bringen [4]) fortsetzen sollen, den ersten Tonfortschritt E‿F (mi fa) als eine große Tonstufe, statt als kleine auffassen und e‿fis singen, oder beim Absteigen die Fortschreitung E‿D (mi re) als kleine, statt große Tonstufe nehmen und e‿dis statt e‿d singen, während sie an der Hand dieses einfachen praktischen Hilfsmittels für jeden Ton die richtigen Fortschreitungen aufsteigend und absteigend leicht finden können.

[2]) subposui, ich habe angefügt. Es scheint hierin wieder eine Andeutung zu liegen, daß Guido die vorliegende Melodie zu dem Hymnus „Ut queant laxis" grade mit Rücksicht auf den angestrebten Zweck konstruirt habe, da, wie oben schon bemerkt, in den Chorbüchern die Melodie dieses Hymnus wesentlich abweicht und im phrygischen Tone steht, während die gegenwärtige dem dorischen Tone angehört.

[3]) Particula, eigentlich Theilchen, Stückchen, muß hier im Zusammenhange mit dem Vorhergehenden ebenfalls in dem Sinne von „Textzeile" aufgefaßt werden, besonders da das nachfolgende „in principiis ipsarum particularum" sonst keinen Sinn gibt.

[4]) Einen dritten praktischen Vortheil hebt Guido hier hervor. Er sagt: Hast Du es soweit bringen können (potueris) — was also nicht Jedem gelingt —, daß Du von einer und jeder beliebigen andern dieser den sechs Tönen angefügten Melodiesätzchen den Anfangston sofort richtig angeben kannst, so kannst Du alle im Choral vor-

potueris, ut unius et alterius [1]) symphoniae quaslibet volueris particulas moduleris [2]), omnium neumarum difficiles valde atque multiplices varietates brevissima et facili regula didicisti. Quae omnia cum vix litteris utcumque significemus, facili tantum colloquio denudamus. Sicut in omni scriptura XX et IIII litteras, ita in omni cantu septem tantum habemus voces. Nam sicut septem dies in hebdomada, ita septem sunt voces in musica. Aliae vero, quae super septem adjunguntur, eaedem sunt, et per omnia similiter canunt in nullo dissimiles, nisi quod altius dupliciter sonant. Ideoque septem dicimus graves, septem vero vocamus acutas. Septem autem litterae non dupliciter, sed dissimiliter designantur hoc modo:

Γ. A B C D E F G a ♮ c d e f g a ♯ c d
                                                     a ♭ c d

Qui vero monochordum desiderat facere, et qualitates [3]) et quantitates, similitudines et dissimilitudines

---

kommenden Intervalle singen; — mit andern Worten: Wenn der Schüler zu dem Anfangstone C der ersten Zeile „ut queant laxis" den Anfangston jeder beliebigen andern Zeile, ebenso zum Tone D, E, F der 2., 3., 4. Zeile u. s. w. die Anfangstöne aller übrigen Zeilen sofort richtig angeben kann, so kann er die Intervalle ut‿re, ut‿mi, ut‿fa, ut‿sol, ut‿la, re‿mi, re‿fa, re‿sol, re‿la u. s. w., also alle möglichen Intervalle singen.

[1]) alterius, der andern von zweien; es ist also nur von Zusammenstellung je zweier Anfangstöne zu einem Intervall die Rede.

[2]) modulor, „genau abmessen" (den Intervallensprung), daher richtig treffen.

[3]) Da Guido hier eine Anleitung geben will, wie man sich prak=

daß Du jede beliebige Zeile einer und der andern [1]) Melodie richtig triffst [2]), so hast Du die schwierigsten und vielfach verschiedenen Arten aller Tonverbindungen nach einem sehr kurzen und leichten Verfahren gelernt. Das Alles aber können wir am besten, da es brieflich kaum einigermaßen sich andeuten läßt, in einer einfachen mündlichen Besprechung klar machen.

Wie wir in der ganzen Schrift zwanzig und vier Buchstaben haben, so haben wir für den ganzen Gesang nur sieben Töne. Denn wie es in der Woche sieben Tage gibt, so gibt es in der Musik sieben Töne. Die andern Töne, welche über diese sieben hinaus noch beigefügt werden, sind dieselben und klingen in jeder Beziehung ganz gleich, indem sie in Nichts eine Verschiedenheit zeigen, als nur darin, daß sie noch einmal so hoch tönen. Darum nennen wir auch die einen sieben die „tiefen", die andern sieben dagegen die „hohen". Die sieben Buchstaben (zur Bezeichnung der Töne) werden aber nicht doppelt (d. h. einmal wie das andere Mal), sondern in verschiedener Weise so geschrieben:

Γ. A B C D E F G a ♮ c d e f g $\begin{smallmatrix} a\ ♮\ c\ d \\ a\ ♮\ c\ d \end{smallmatrix}$

Wer aber ein Monochord zu construiren, und von dem Unterschiede (discernere) der Klänge oder Töne mit Rücksicht auf ihre Eigenschaften [3]) und Größen, ihre Gleichheiten und

---

tisch von demjenigen überzeugen könne, was er eben von den Tönen überhaupt gesagt habe, so ist der Ausdruck „qualitas", Qualität, Beschaffenheit" auf die vorhin gemachte Unterscheidung der Töne in „tiefe" und „hohe" zu beziehen, der zufolge dieselben Töne sich wiederholen, nur mit dem Unterschiede, daß sie bei der Wiederholung nochmal so hoch klingen; — die „quantitas", „Größe, Anzahl, Menge", entweder auf die Menge (septem et aliae, quae super septem adjunguntur) oder besser auf die Größe der Töne sowohl im Verhältnisse zu einander, wie auch der graves zu den acutis; — die similitudines auf das „per omnia similiter canunt"; — die dissimilitudines auf das „dissimiles, quod altius dupliciter sonant." — An Qualität und Quantität in unserm heutigen Sinne kann wohl nicht gedacht werden.

sonorum tonorumve discernere, paucissimas, quas subjecimus, regulas summopere studeat intelligere. In monochordo autem istis litteris vel mensuris disponuntur. Γ graecum, hoc est G latinum pone in capite. Et inde incipiens totam lineam, quae sonanti chordae subjacet, per novem partes studiosissime divide, et ubi prima pars fecerit finem juxta Gammam primam [1]) litteram pone A. Ab ipsa prima similiter usque ad finem partire per novem, et ubi prima pars finem fecerit, secundam B litteram junge. Post haec ad Γ revertens, ab ipsa usque ad finem divide per quatuor partes, et in primae partis finem tertiam C pone : similiter a prima A divide per quatuor et similiter signabis quartam D. Eodem modo sicut cum prima inventa est quarta, ita cum secunda invenies E quintam, et cum tertia F sextam, et cum quarta G septimam. Deinde rediens ad primam A ab ipsa usque ad finem in medio spatio invenies alteram primam a, et similiter cum secunda invenies alteram secundam b, et cum tertia tertiam c, sic et de reliquis ad eundem modum per diapason.

Et ut de divisione monochordi in paucis multa

---

[1]) Primam litteram „als erften Buchstaben". Man sieht, daß Guido das Gamma nicht als zum Systeme gehörig nimmt, letzteres vielmehr mit A beginnen läßt, welches er ausdrücklich als den ersten Buchstaben des Systemes bezeichnet. Darum setzt er auch oben hinter das Gamma einen Punkt und setzt es weiter vor (Γ. A B etc.), um schon dadurch anzudeuten, daß das Gamma eigentlich zum Systeme nicht gehört. Für die Konstruktion des Monochordes war es aller=

Ungleichheiten sich zu überzeugen wünscht, der möge besonders sich bemühen, die nachfolgenden wenigen Regeln sich klar zu machen. Im Monochorde aber werden die Töne nach folgenden Buchstaben oder Maßen vertheilt: Das griechische Gamma (Γ), im Lateinischen „G", setze an den Kopf. Von da anfangend theile die ganze Linie, welche unter der tönenden Saite liegt, ganz genau in neun Theile, und wo der erste Theil endet, da setze neben das Gamma als ersten[1]) Buchstaben den Buchstaben „A". — Von diesem ersten Buchstaben bis zum Endpunkte mache in gleicher Weise neun Theile, und wo der erste Theil endet, da füge als zweiten Buchstaben „B" hinzu. Hierauf gehe zum Buchstaben Gamma (Γ) zurück, theile von diesem aus bis zum Ende in vier Theile, und setze am Endpunkte des ersten Theiles als dritten Buchstaben „C". In gleicher Weise mache von dem ersten Buchstaben A aus vier Theile, und zeichne ebenso als vierten Buchstaben D an. In derselben Weise, wie von dem ersten Buchstaben aus der vierte gefunden wurde, ebenso wird auch von dem zweiten aus als fünfter E, und von dem dritten aus als sechster F, und von dem vierten aus als siebenter G gefunden. Hierauf zurückgehend zum ersten Buchstaben A findest Du in der Mitte von diesem bis zum Ende den andern ersten Buchstaben a, und in ähnlicher Weise vom zweiten aus den andern zweiten b, und vom dritten aus den andern dritten c; so auch von allen übrigen aus in gleicher Weise durch die ganze Reihe.

Und um das über die Eintheilung des Monochordes Ge-

---

bings nothwendig, die ganze Saite zunächst in G zu stimmen, (welches G zum Unterschiede des obern großen lateinischen G nicht anders als durch das griechische Gamma bezeichnet werden kann). Würde man die leere Saite sofort in A stimmen, so könnte man durch Neuntheilung wohl den Ton B (= H) finden; dagegen kann man von B durch Neuntheilung nicht zu C gelangen. Auch läßt das C durch eine einfache Theilung von A aus sich nicht finden.

constringam, omnes toni novem ad finem passibus currunt[1]). Diatessaron vero semper quatuor passus facit, diapente tres et diapason duos, quia his tantum quatuor dividimus modis[2]). Deinde nota, quod inter secundam et tertiam vel inter quintam et sextam parvissima

---

[1]) Um also ein Monochord nach der Anleitung Guidos zu construiren, müßte man eine Saite (S T) auf ein Resonanzbrett befestigen und über zwei Stege (y und x) so spannen, daß der freischwingende Theil der Saite zwischen den beiden Stegen etwa den Ton G gäbe, den Guido mit dem großen griechischen G (Gamma Γ) bezeichnet. Hierauf würde man von einem Stege zum andern unter den freischwingenden Theil der Saite eine Linie (Γ x) von genau gleicher Länge auf das Resonanzbrett zeichnen, um an ihr die vorgeschriebenen Theilungen genau ausführen zu können. Um nun den

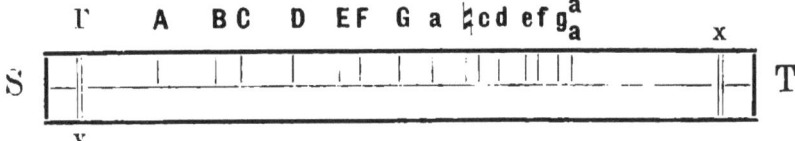

ersten Ton des Systemes A zu finden, soll die Linie Γ x in neun gleiche Theile getheilt und in dem ersten Theilungspunkte A ein Steg untergesetzt werden. Der nun freischwingende Theil der Saite A x gibt den Ton A. — Da hiernach die Saitenlänge (Γ x) des Tones Γ zur Saitenlänge (A x) des Tones A sich verhält wie 9 : 8, so verhält sich auch umgekehrt die Schwingungszahl des Tones Γ zu jener des Tones A wie 8 : 9. — Zur Auffindung des zweiten Tones B ist nach Guido die Saitenlänge A x ebenfalls in 9 Theile zu theilen, worauf durch Unterstellung eines Steges in dem ersten Theilungspunkte F von dem freischwingenden Saitentheile B x der Ton B gewonnen wird. Das Verhältniß der Saitenlängen und demnach auch der Schwingungszahlen der beiden Töne A und B ist also ebenfalls = 9 : 8 resp. 8 : 9. — Für die große Terz ΓB ergibt sich das Verhältniß 8 : 9 + 8 : 9 = 64 : 81. — Um den britten Ton C des Systems zu erhalten, soll die Saitenlänge Γ x in vier gleiche Theile getheilt und vom ersten Theilungspunkte bei C durch einen Steg das Stück C x abgetrennt werden, welches den Ton C liefert. Γ verhält sich also zu C genau wie 3 : 4 resp. 4 : 3 (reine Quarte),

sagte in wenig Worten zusammenzufassen, alle Töne erstrecken sich bis zum Endpunkte durch neun Theile ¹). Die Quart aber macht immer vier Theile, die Quinte drei und die Oktav zwei, da nur in dieser vierfachen Weise die Theilung vorgenommen wird ²). Sodann bemerke, daß zwischen dem zweiten (B = H) und dritten (C), oder zwischen dem fünften (E) und sechsten A dagegen wie 27 : 32 und zu B wie 243 : 256. — Zur Auffindung des vierten Tones D soll in gleicher Weise die Saitenlänge A x in vier Theile getheilt und im ersten Theilungspunkte D die Saite D x abgetrennt werden, und ebenso zur Bestimmung des fünften Tones E die Saitenlänge B x, für den sechsten Ton F die Saitenlänge C x, für den siebenten Ton G die Saitenlänge D x jedesmal in vier Theile getheilt und in den ersten Theilungspunkten E resp. F, G die betreffenden Saitenstücke Ex, Fx, Gx abgetrennt werden. Wie C zu C, so bilden also auch D E F G reine Quarten im Verhältnisse von 3 : 4 zu A B C D. Unter einander wiederholen sich aber ebenfalls die Verhältnisse 8 : 9, 243 : 256, 64 : 81, 27 : 32. D aber bildet mit F eine reine Quinte (denn 3 : 4 + 8 : 9 = 24 : 36 = 2 : 3), ebenso E mit A und G mit C. — Zur Auffindung des achten Tones oder, wie Guido sagt, des andern ersten Tones a (alteram primam a) ist die ganze Saite A x zu halbiren in a; ebenso sind für alle übrigen Töne der obern Octave die betreffenden Saitenstücke Bx, Cx, Dx, Ex, Fx, Gx in den Punkten b c d e f g zu halbiren. Man sieht, daß durch die hier vorgeschriebenen Theilungen reine Terzen im Verhältnisse von 4 : 5 und 5 : 6 nicht gefunden wurden, weßhalb die Alten nothwendig die große Terz (ditonus) und die kleine Terz (semiditonus) zu den Dissonanzen zählen mußten. Daß sie dieses thaten ist demnach nur ein Beweis, daß ihr musikalisches Gehör eben so genau und rein war, wie unser jetziges, demgemäß weiterhin auch angenommen werden muß, daß wirklich reine Terzen im Verhältnisse von 4 : 5 und 5 : 6, wenn solche den Alten zufällig zu Gehör gekommen sein sollten, von ihnen ebenso, wie von uns, als consonirend erkannt werden mußten.

²) Von einer Fünf- und Sechstheilung, wodurch allein die Intervalle der reinen großen und kleinen Terz hätten gefunden werden können, war also zur Zeit Guido's noch keine Rede. Er kannte, wie die Alten, nur reine Octaven, Quinten, Quarten — und große Secunden im Verhältnisse von 8 : 9.

spatia fiant[1]), quae semitonia vocantur; inter alias vero voces majora intervalla fiunt et dicuntur toni. At, Bs, Ct, Dt, Es, Ft, Gt[2]). Junguntur ad se invicem voces sex modis, tono, semitonio, ditono, semiditono, diatessaron, diapente. De tono autem et semitonio supra diximus. Ditonus autem est, dum inter duas voces duo sunt toni, ut inter tertiam et quintam[3]) et reliquas.

Semiditonus autem dicitur, quia minor est ditono, cum inter duas aliquas voces est unus tonus et unum semitonium, Dt, Es, F. Diatessaron autem dicitur te quatuor, cum inter aliquam vocem et quartam a se duo sunt toni et unum semitonium Dt, Es, Ft, G. Diapente dicitur de quinque, cum inter aliquam vocem et quintam a se tres sunt toni et unum semitonium, Dt, Es, Ft, Gt, a. Non aliter, quam his sex modis voces junctae concordant[4]) vel moventur; atque hi dicuntur sex motus vocum, quibus ad se invicem voces concordant vel moventur. Ea vero concordia, quae est inter gravem

---

[1]) Man sehe auf der obigen Monochord-Eintheilung die Zwischenräume bei B C, E F, ♮ c, e f. — Im Allgemeinen werden aber die Zwischenräume selbstverständlich immer kleiner, je näher sie dem Endpunkte x rücken.

[2]) Das t bezeichnet tonus = Ganzton, das s semitonium = Halbton; also At, Bs, Ct u. s. w., gleich A Ganzton, B Halbton, C Ganzton u. s. w.

[3]) tertiam et quintam bezieht sich auf die oben angegebene

Tone (F) sehr kleine Zwischenräume sich bilden [1]), welche Halb=
töne genannt werden. Zwischen den andern Tönen aber finden
größere Entfernungen statt; diese werden Ganztöne genannt.
A B C D E F G [2]). Unter einander werden die Töne auf=
sechsfache Weise mit einander verbunden, als Ganzton, Halbton,
große Terz, kleine Terz, Quart, Quint. Vom Ganzton und
Halbton haben wir oben gesprochen. Eine große Terz aber ist,
wenn zwischen zwei Töne zwei Ganztöne fallen, wie z. B.
zwischen den dritten (C) und den fünften [3]) (E) u. s. w.

Kleine Terz dagegen nennt man (weil sie kleiner ist als
die große), wenn zwischen zwei beliebige Töne ein Ganzton und
ein Halbton fällt, D E F. Quart wird genannt von quatuor
(vier), wenn zwischen einen Ton und den vierten, von ihm
aus gerechnet, zwei Ganztöne und ein Halbton fallen D E F G.

Quint nennt man von quinque (fünf), wenn zwischen einen
Ton und den fünften, von ihm aus gerechnet, drei Ganztöne
und ein Halbton fallen D E F G a. Und anders nicht, als
in dieser sechsfachen Weise werden die Töne gleichzeitig (concordant) [4]) oder fortschreitend (moventur) verbunden; und so
werden die sechs Tonfortschritte bezeichnet, nach welchen die
Töne unter einander sich verbinden oder fortschreiten. Die Ver=

Ordnung, wonach A der erste Buchstabe (prima littera), also auch der
erste Ton (prima vox) des Systemes ist, B der zweite, C der
dritte u. s. w.

[4]) Concordant, „übereinstimmen", „harmoniren" bei gleich=
zeitigem Erklingen zweier Töne, bezieht sich auf die gleichzeitige
(harmonische) Verbindung, moventur sich fortbewegen, bezieht sich auf
die successive (melodische) Verbindung. Daher übersetzen wir motus
vocum mit „Tonfortschritt", concordia vocum mit „Tonverbindung".

aliquam litteram et eamdem acutam, sicut a prima in primam, vel a secunda in secundam, diapason dicitur, id est, de omnibus; habet enim omnes voces, et tonos quinque cum duobus semitoniis, hoc est diatessaron et diapente. Haec diapason in tantum concordes facit voces, ut non eas dicamus similes, sed easdem. Omnes autem voces in tantum sunt similes, et faciunt similes sonos et concordes neumas, in quantum similiter elevantur vel deponuntur secundum depositionem tonorum et semitoniorum: utputa prima vox A et quarta D similes et unius modi dicuntur, quia utraque in depositione tonum, in elevatione vero habent tonum et semitonium et duos tonos [1]). Atque haec est prima similitudo in vocibus, hoc est, primus modus.

Secundus modus est in secunda B et in quinta E. Habent enim utraque in depositione duos tonos, in elevatione semitonium et duos tonos. Tertius modus est in tertia C et in sexta F. Ambae enim semitonio et duobus tonis descendunt, duobus vero tonis ascendunt. Sola vero septima G quartum modum facit. quae

---

[1]) Es fällt dieses zusammen mit der früher erwähnten „proprietas" d. h. mit der Eigenthümlichkeit, welche jedem Tone in Folge seiner besondern Stellung im Systeme und seiner besonderen Beziehung zu den zunächst unter und über ihm liegenden Tönen anhaftet. Der Ton A hat unter sich eine große Secunde F A, ebenso der Ton D nämlich C D. Ueber sich hat A zunächst einen Ganzton A B, dann einen Halbton B C und wieder zwei Ganztöne C D und D E; ebenso hat D über sich zunächst den Ganzton D E, dann den Halbton E F und hierauf wieder die beiden Ganztöne F G und G a.
Mit Bezug auf diese Eigenthümlichkeit sind also Töne A

bindung aber, welche stattfindet zwischen irgend einem tiefen Tone und demselben hohen Tone, wie z. B. vom ersten zum ersten (A bis a) oder vom zweiten zum zweiten (B bis ♮) wird diapason (Octav) d. h. wörtlich „von Allen" genannt; denn sie umfaßt alle Töne und schließt fünf Ganztöne mit zwei Halbtönen ein, d. h. eine Quart und Quint. — Diese Octav macht die Töne so übereinstimmend, daß wir dieselben nicht als ähnliche, sondern als dieselben bezeichnen. Alle Töne aber sind in soweit ähnlich und bilden ähnliche Tonfortschritte und übereinstimmende Tongruppen (Neuma), in wieweit sie nach Anordnung der Ganz- und Halbtöne ähnliche Fortschreitungen aufsteigend oder absteigend zulassen: wie z. B. der erste Ton A und der vierte Ton D ähnlich und derselben Art genannt werden, weil beide nach unten (absteigend) einen Ganzton, nach oben (aufsteigend) aber einen Ganzton, einen Halbton und zwei Ganztöne haben[1]). Dies also ist die erste Aehnlichkeit in den Tönen, d. h. die erste (Ton-) Art.

Die zweite Tonart steht auf dem zweiten Tone B und dem fünften Tone E. Beide haben nämlich nach unten zwei Ganztöne, nach oben einen Halbton und zwei Ganztöne. Die dritte Tonart steht auf dem dritten Tone C und auf dem sechsten Tone F; denn beide steigen abwärts durch einen Halbton und zwei Ganztöne, dagegen aufwärts durch zwei Ganztöne. Die vierte Tonart jedoch bildet der siebente Ton G

---

und D einer und derselben Art. Diese Eigenart der beiden Töne A und D kehrt aber bei keinem der andern Töne wieder, da die proprietas der übrigen Töne anderer Beschaffenheit ist. Diese Eigenart, wodurch die Töne A und D sich ähnlich sind, bezeichnet aber Guido als die erste Aehnlichkeit oder als die erste Art oder, wie wir uns heute ausdrücken, als die erste Tonart, indem bei den Choraltonarten eben nur die Verschiedenheit der Intervallenverhältnisse in Hinsicht des Grundtones in Betracht kommt, also das, was Guido die proprietas des Grundtones nennen würde.

in depositione unum tonum et semitonium et duos tonos, in elevatione vero duos habet tonos et semitonium¹).

Et qui plene exercitati sunt in hac arte, possunt unamquamlibet symphoniam secundum hos quatuor variare modos, utpota, si quis unam symphoniam primum in voce prima A et postea eamdem incipiat in voce secunda, dehinc in tertia. Et secundum quod ipsae voces diversam habent tonorum et semitoniorum positionem, sic variis modis secundum uniuscujusque proprietatem eam pronuntiet. Quod quidem facere valde est utile²), et valde facile, hoc modo:

```
D  F  G   G  G  G  G   a  F  E  D
Tu Patris sempiternus es Filius.
E  G  a   a  a  a  a   ♮  G  F  E
Tu Patris sempiternus es Filius.
F  a  ♮   ♮  ♮  ♮  ♮   c  a  G  F
Tu Patris sempiternus es Filius.
G  ♮  c   c  c  c  c   d  ♮  a  G
Tu Patris sempiternus es Filius.
```

Igitur curiose est intendendum de omni melo, se-

¹) Die zweite Tonart steht also auf den Grundtönen B (= H) und E. Sie haben absteigend zwei Ganztöne (B A, A l' resp. E D, D C), mithin eine große Secunde und große Terz, aufsteigend einen halben und zwei Ganztöne (B C, C D, D E resp. E F, F G, G a), mithin eine kleine Secunde, kleine Terz, reine Quart. Von der ersten Tonart unterscheidet sich also die zweite besonders durch die aufsteigende Secunde, welche bei der ersten groß (D E, A B), bei der zweiten klein ist (E F, B C). Die dritte Tonart auf C und F hat absteigend eine kleine Secunde (C B, F E), kleine Terz (C A, F D), reine Quarte (C Γ, F C), aufsteigend eine große Secunde (C D, F G) und große Terz (C E, F A). Durch letztere unterscheidet sie sich von

allein, welcher im Absteigen einen Ganzton, einen Halbton und zwei Ganztöne hat, beim Aufsteigen dagegen zwei Ganztöne und einen Halbton ¹).

Diejenigen, welche in dieser Kunst vollkommene Uebung besitzen, können eine jede beliebige Melodie nach diesen vier Tonarten verändern, wie z. B. wenn man eine Melodie zuerst mit dem ersten Tone A, hierauf dieselbe Melodie mit dem zweiten Tone, sodann mit dem dritten Tone beginnt. Und insoweit die Töne selbst eine verschiedene Stellung der Ganz- und Halbtöne mit sich bringen, in soweit wird man dieselbe (Melodie) in den verschiedenen Tonarten nach der Eigenthümlichkeit einer jeden angeben. Eine solche Uebung vorzunehmen, ist aber einestheils sehr nützlich ²), anderntheils auch sehr leicht, wie z. B. in folgender Weise:

D F G   G G G   G a F E D
Tu Patris sempiternus es Filius.
E G a   a a a   a h G F E
Tu Patris sempiternus es Filius.
F a h   h h h   h c a G F
Tu Patris sempiternus es Filius.
G h c   c c c   c d h a G
Tu Patris sempiternus es Filius.

Daher ist mit Sorgfalt bei jedem Gesange darauf Acht

---

der ersten und zweiten, welche hier in beiden klein ist. Die vierte Tonart steht auf G allein. Sie hat absteigend eine große Secunde (G F) (zum Unterschiede von der dritten Tonart), eine kleine Terz (G E) (zum Unterschiede von der zweiten), ferner eine reine Quarte und Quinte, aufsteigend hat sie große Secunde (G a), große Terz (G ♮) (zum Unterschiede von der ersten) und reine Quarte (G c). Man sieht, daß auch Guido von 12 oder gar 14 Tonarten Nichts weiß. —

²) Um den verschiedenen Character der vier Tonarten sich recht deutlich zu machen, ist es allerdings am zweckmäßigsten, ein und dieselbe Melodie in den vier Tonarten zu singen, wie das obige

cundum cujusmodi proprietatem sonet, sive in principio sive in fine, quamvis de solo fine dicere soleamus ¹). Quaedam autem neumae repertae sunt, quarum aptitudine hoc solemus advertere, ²) utpote:

Beispiel zeigt. Man wird den characteristischen Unterschied derselben am auffallendsten fühlen, wenn man der Tonhöhe nach immer mit demselben Tone beginnt, also folgendermaßen singt:

¹) Die vier Choral=Tonarten werden ihrem characteristischen Unterschiede nach nur durch die eigenthümliche Aufeinanderfolge der Ganz- und Halbtöne oder, wie schon oben gesagt, durch die proprietas der Grundtöne gebildet. Um also die Tonart eines Gesanges zu erkennen, soll man diese proprietas genau zu beachten suchen und

zu haben, nach der Eigenthümlichkeit welcher Tonart er klinge, sei es am Anfange, sei es am Schlusse, wiewohl nur vom Schlusse die Tonart bestimmt zu werden pflegt ¹). Man hat aber einige Melodiesätze ausfindig gemacht, an deren zutreffender Einrichtung wir dieses 'zu erkennen pflegen ²), nämlich:

```
       c                        a a              a
   a a a   G   G                      G       G G
   D     G E F  F E D D    F      F E F           F
                        C                      E  E
   Primum quae-rite reg-num De-i.                    D.

      a          F                 F      F
   D   C E D D F D C F F F E E  E F E    E F   E      F
                                        D C D    D  D C D  D.
   Se - cun-dum au-tem si - mi-le est hu-ic.
```

zwar besonders am Schlusse des Gesanges, da nur vom Schlusse die Tonart bestimmt zu werden pflegt. Es folgt hieraus, daß schon nach der Ansicht Guido's der Schluß der Gesänge immer die rein characteristischen Verhältnisse, wodurch die Tonart ihrer Eigenthümlichkeit nach zunächst bestimmt wird, muß erkennen lassen, daß also besonders am Schlusse keine solchen Töne sich zeigen dürfen, welche die proprietas des Grundtones verwischen und den Gesang am Schlusse in eine dem Charakter des Ganzen widersprechende Tonart überführen, wie z. B. die Einführung eines b (sa) in der Schluß= cadenz mixolydischer Gesänge, welche dem Grundton die proprietas der ersten Tonart aufdrücken und den Gesang eigentlich zu einem dorischen machen würde, da zunächst nur vom Schlusse die Tonart bestimmt wird, wiewohl die charakteristische Eigenthümlichkeit einem regelrechten Gesange im Ganzen (sive in principio, sive in fine) zu= kommen muß. Die später folgende Einsprache Guido's gegen die Anwendung des sa überhaupt im Interesse der Reinheit der Ton= arten und ihrer einzelnen Formen beweist ebenfalls, daß zur Zeit Guido's eine Vermischung des Grundcharakters der Tonart am Schlusse einzelner Choralstücke nicht bekannt und geduldet war.

²) Die Schemata, welche zur Characterisirung der Tonarten und ihrer verschiedenen Formen von den Alten besonders in den Tonarien angegeben werden, scheinen eigens zu dem Zwecke erfunden worden zu sein, um dem Schüler einen Anhaltspunkt zur bessern leichtern Auffassung der Tonarten und ihrer verschiedenen Eigenthümlichkeiten zu bieten; denn unter den liturgischen Gesängen, wie sie in den

Cum enim finito aliquo cantu hanc neumam ejus in fine bene videris convenire, statim cognosces, quia cantus ille finitus sit in primo modo, et primo vel quarto sono; quia in his duobus sonis primus est modus.

Gradualien und Antiphonarien für die hl. Messe und die Tages=Officien sich finden, sind uns dieselben bis jetzt noch nirgendwo begegnet. In dem Tonale des h. Bernard finden wir folgende Schemata für die einzelnen Töne angegeben:

Für den ersten Ton:

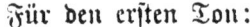

Primum quaerite regnum De-i. (cf. oben die Melodie Guido's.)

Für den zweiten Ton:

Se-cun-dum au-tem si - mi - le est huic.

$$^D_A\ C\ ED \qquad D^a\ C\ ED$$

Bei Guido muß es wohl heißen: Secundum statt: Secundum.

Für den dritten Ton:

Ter-ti-a di - es est quo haec fac-ta sunt.

Für den vierten Ton:

Quarta vi-gi-li-a ve - nit ad e - os.

Für den fünften Ton:

Quinque pruden-tes in-traverunt ad nuptias.

Für den sechsten Ton:

Sexta ho - ra se - dit su - per pute-um.

Wenn man nämlich nach Beendigung irgend eines Gesanges findet, daß dieser Melodiesatz an das Ende desselben (des Gesanges) sich gut anschließt, so erkennt man sofort, daß jener Gesang in der ersten Tonart geschlossen wurde und zwar im ersten (A) oder vierten Tone (D); weil auf diesen beiden Tönen die erste Tonart ihren Sitz hat.

Für den siebenten Ton:

Septem sunt spiritus ante thronum Dei.

Für den achten Ton:

O-cto sunt be-a-ti-tudines.

Die vorstehenden Schemata finden sich auch in andern Tonarien, so in dem von Berno Augiensis: auch in der Abhandlung: De consona tonorum diversitate von Berno finden sie sich wieder. — Die practische Verwendung dieser Schemata führt auf einen früher schon ertheilten ähnlichen Rath Guido's zurück, die Schlüsse der Gesänge mit diesen Schemata zu vergleichen und zu sehen, welche derselben sich dem Charakter nach am besten anschließen, woraus dann die Tonart eines jeden Choralstückes gefunden werden könne. Man muß übrigens immer vor Augen haben, daß Guido zu einer Zeit lebte, wo der Choralgesang meistens nur noch Tradition war, und wo man eben anfing, denselben durch eine bestimmte Tonschrift genau zu fixiren. Es lag also viel daran, daß die Sänger und Musikgelehrten der damaligen Zeit die Gesänge, welche sie bis jetzt nur aus der Tradition her kannten, auch ihrer Tonart und ganzen systematischen Anlage nach genau zu beurtheilen wußten, um sie allenfalls in die Schrift richtig und genau übertragen zu können. Umgekehrt war auch das Absingen unbekannter Gesänge ohne Hilfe eines Vorsängers aus den schriftlichen Tonzeichen etwas so Neues und Ungewohntes, daß der Sänger, um seiner Sache sicher zu sein, einer genauern Kenntniß der systematischen Grundlage des Choralgesanges viel mehr bedurfte, als früher, wo man nur nachsang, was der Meister vortrug. Hierbei hatten aber auch practische Griffe, wie sie Guido hier lehrt, besonderen Werth, obschon sie uns von unserm Standpunkte aus zuweilen ziemlich überflüssig erscheinen möchten.

Sola autem hac neuma solemus [1]) primum tonum discernere, quamvis cum alia qualicumque symphonia, quae in eodem sono incipit, haec possit similiter et aliquando melius fieri. Cujus enim modi symphoniis quaelibet symphonia aptatur, ejus modi esse cognoscitur; sicque intelligis, an bene aliquam neumam pronunties, cum eam ejusmodi symphoniis, in quo modo notata fuerit, competenter aptari conspexeris. Nota autem, quomodo modos dicimus eos, qui in formulis tonorum non proprie sed abusive nominantur toni, cum modi vel tropi proprie dicantur. [2])

[1]) Es scheint auch dieses mit ziemlicher Bestimmtheit anzudeuten, daß diese Schemata nur zu dem speciellen Zweck erfunden waren, um dem Sänger das sofortige Erkennen der Tonart eines ihm vorgesungenen oder auch aus der Tradition her bekannten Choralstückes zu erleichtern. Man konnte zwar, wie Guido in Folgendem ebenfalls sagt, jedes beliebige Choralstück, dessen Tonart man sicher weiß, zu solchen Vergleichungen verwenden. Für's Gewöhnliche sollte der Schüler jedoch an diesen gegebenen Schemata sich halten, weil hier das erste Wort des Textes „Primum, secundum, tertia, quarta, quinque, sexta, septem, octo" dem Schüler schon bestimmt angibt, zu welcher Tonart Choralstücke, die dem Character (proprietas) nach mit den Melodieen dieser Schemata übereinstimmen, zu rechnen sind.

[2]) Guido unterscheidet, wie oben gesehen, mit Rücksicht auf die proprietas der Töne, welche durch die eigenthümliche Aufeinanderfolge der Halb- und Ganztöne bewirkt wird und bei A und D, B und E, C und F dieselbe ist, nur vier Tonarten (modi), auf A oder D, B oder E, C oder F und auf G. Zur Characterisirung der ersten Tonart (modus) führte er sodann zwei Schemata an: Primum quaerite und secundum autem, an welchen in allen Gesängen der primus modus durch Vergleichung leicht erkannt werden könne. Damit greift er aber vor und berührt einen Punkt, über den er im Folgenden erst eine nähere Erklärung gibt. Er macht nämlich dort

Nur an diesem Melodiesatze pflegen ¹) wir den ersten Ton zu unterscheiden, wiewohl dieses mit jeder andern Melodie, welche in demselben Tone beginnt, gleicher Weise und zuweilen noch besser geschehen könnte. Denn jede Melodie ist von gleicher Tonart mit jenen Melodieen, denen sie sich anpaßt. So kannst Du auch erkennen, ob Du einen Melodiesatz richtig gesungen hast, wenn Du findest, daß er sich Melodieen derjenigen Tonart, in welcher er notirt ist, passend anschließen läßt. Bemerke aber, wie wir als „Tonarten" diejenigen Töne bezeichnen, welche bei den verschiedenen Formen der Töne nicht eigentlich, sondern mißbräuchlich „Töne" genannt werden, da sie eigentlich Tonarten oder Tropen heißen sollen ²).

darauf aufmerksam, daß man in jeder Tonart wieder unterscheiden müsse zwischen Gesängen mit hohen Melodieen und solchen, deren Melodieen mehr die tiefen Töne berühren. Für jede Tonart habe man darum zwei Schemata, eines mit hoher und eines mit tiefer Melodie, von welchen das erste zur Vergleichung (aptatur) der hohen, das letzte zur Vergleichung der tiefen Gesänge diene. Durch diese Unterscheidung würden sich aber acht Klassen (formulas) von Gesängen bilden, für jede Tonart zwei, welche man auch die „acht Töne" nenne. Die erste, dritte, fünfte und siebente Klasse umfaßten die **hohen** Gesänge der vier Tonarten, die zweite, vierte, sechste und achte die **tiefen** oder doch **weniger hohen**. Damit nun aber der Schüler nicht in Verwirrung gerathe und über den „**acht Tönen**" nicht die „**vier Tonarten**" vergesse, erinnert Guido schon hier daran, daß er bisher Tonart genannt habe, was bei den acht Klassen der Gesänge mißbräuchlich „Ton" genannt werde, da es eigentlich modus oder tropus heißen müsse. Um diese Verwirrung zu vermeiden, hält er es demnach, wie er weiter unten sagt, auch für viel zweckmäßiger, wie die Griechen statt „erster" und „zweiter Ton" zu sagen: „**die erste Tonart in authentischer Form**" und „**die erste Tonart in plagalischer Form**", statt „dritter" und „vierter Ton" „**die zweite Tonart in authentischer Form**" und „**die zweite Tonart in plagalischer Form**" u. s. w., indem dann die Vierzahl der modi neben der achtfachen Form (formula) der Gesänge (den acht Tönen) deutlich her=

Illud quoque debes agnoscere, quomodo in omnibus modis, cum grave fuerit melum, gravibus aptatur modulis vel melis. Cum vera alta fuerint mela, altis melius conveniunt melis vel modulis. Ideoque habes in formulis modorum duas formulas in unoquoque modo. Prima namque et secunda formula primi est modi; tertia et quarta secundi : quinta et sexta tertii : septima et octava quarti. Ideo enim octo toni dicuntur, quia octo habent formulas. Prima autem et tertia, quinta et septima formula quatuor modorum altos continent cantus; secunda vero et quarta, et sexta et octava eorumdem modorum gravia vel minus alta continent cantica. Unde Graeci multo melius pro primo et secundo tono dicunt authentum protum et plagis proti; pro tertio et quarto authentum deuterum et plagis deuteri; pro quinto et sexto authentum tritum et plagis triti, pro septimo et octavo authentum tetrardum et plagis tetrardi. Quod enim illi dicunt protum, deuterum, tritum, tetrardum, nos dicimus primum, secundum, tertium, quartum. Et quod illi dicunt authentum, nos majorem et altum vel acutum nominamus. Plagin vero latine subjugalem vel minorem vel gravem possumus appellare.

Has itaque modorum octo formulas praecipue debet scire, quisquis canendi peritiam vult habere, ut qualiter

---

vorgehoben würde. Für den Choralunterricht wird man übrigens auch heute noch neben der Bezeichnung „erſter, zweiter, dritter, vierter Ton u. ſ. w." der größern Klarheit wegen und zum beſſern Ver-

Auch das mußt Du bemerken, wie in allen Tonarten der Gesang, wenn er tief liegt, den tiefen Weisen oder Gesängen sich anschließt. Sind aber die Gesänge hoch, so vereinigen sie sich besser mit den hohen Gesängen oder Weisen. Daher findest Du unter den verschiedenen Formen der Tonarten je zwei Formen für jede Tonart. Denn die erste und zweite Form gehört zur ersten Tonart; die dritte und vierte zur zweiten; die fünfte und sechste zur dritten; die siebente und achte zur vierten. Daher nämlich werden sie die acht Töne genannt, weil sie acht Formen haben. Die erste und dritte, fünfte und siebente Form der vier Tonarten enthalten aber die hohen Gesänge; dagegen die zweite, vierte, sechste und achte derselben Tonarten die tiefen oder weniger hohen Gesänge. Deßwegen sagen auch die Griechen viel besser statt „erster" und „zweiter Ton" authentus protus und plagis proti; statt „dritter" und „vierter Ton" authentus deuterus und plagis deuteri; statt „fünfter" und „sechster Ton" authentus tritus und plagis triti; statt „siebenter" und „achter Ton" authentus tetrardus und plagis tetrardi. Was nämlich jene protus, deuterus, tritus, tetrardus nennen, das bezeichnen wir als „erster, zweiter, dritter, vierter." Und was jene authentus nennen, das bezeichnen wir als „stärker" (lauter) und „hoch" oder „hell" (scharf, durchdringend). Plagis dagegen können wir in unserer Sprache mit „unterdrückt", oder „schwächer" oder „dumpf" (tief) wiedergeben.

Diese acht Formen der Tonarten muß vorzugsweise jener kennen, der praktische Sicherheit im Gesange haben will, daständniß der Sache die Ausdrucksweise: „Erste (oder dorische) Tonart in authentischer resp. plagalischer Form", ebenso zweite (oder phrygische) Tonart in authentischer resp. plagalischer Form" u. s. w passend in Anwendung bringen.

in singulis modorum cantibus quaelibet neuma vel vox
resonet, possit advertere. Praeterea quamvis primam
et secundam et tertiam vocem cum quarta, quinta et
sexta concordare dixerim, in eo tamen differunt, neque
omnes neumas similiter faciunt, quomodo a ♯ c habent
post se in depositione tres tonos, ante se in elevatione duos tonos: at vero D E F unum tantum in
depositione habent, tres vero tonos in elevatione ¹).
Ideoque multi cantus ejusdem sunt modi, sed non ejusdem soni ²). Quidam autem minus plene pervidentes

¹) Oben hatte Guido erklärt, wie der erste und vierte Ton
(A und D), der zweite und fünfte Ton (B [= H] und E) und der
dritte und sechste Ton (C und F) ähnlich seien und übereinstimmende
Tongruppen bildeten, indem sie absteigend und aufsteigend die gleichen
Intervallen-Fortschritte zeigten, nämlich:

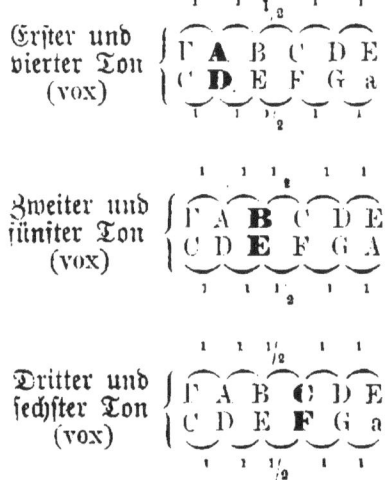

Guido hatte hierbei zunächst die tiefen Töne (litterae graves)
im Auge und den Tonfortschritt im Umfange eines Hexachordes. Er
macht nun hier darauf aufmerksam, daß die prima, secunda, tertia
vox in den hohen Tönen (in litteris acutis) a ♮ c mit der quarta,
quinta und sexta nicht alle möglichen Tongruppen vollständig über-

mit er erkennen könne, wie in den einzelnen nach Tonarten verschiedenen Gesänge eine jede Tongruppe oder ein jeder Ton wiederzugeben sei. Wiewohl ich übrigens gesagt habe, daß der erste, zweite und dritte Ton mit dem vierten, fünften und sechsten Tone übereinstimmen, so unterscheiden sich dieselben dennoch insofern und bilden nicht allerweg ähnliche Tongruppen, als die Töne a ♮ c unter sich beim Absteigen drei Ganztöne, über sich beim Aufsteigen zwei Ganztöne haben, wogegen jedoch D E F nur einen Ganzton beim Absteigen, drei Ganztöne aber beim Aufsteigen haben [1]). Daher sind viele Gesänge von derselben Tonart, aber nicht von demselben Tone [2]). Einige aber, welche weniger vollständig jenen Unterschied durchschauen,

einstimmend bilden könne, da a ♮ c unter sich „beim Absteigen zwei (im Texte heißt es irrthümlich) tres statt duos) Ganztöne a G, G F, beim Aufsteigen über sich ebenfalls zwei Ganztöne c d, d e (F G a ♮ c d e) hat, während D E F absteigend nur einen, aufsteigend aber drei Ganztöne (C D E F G a ♮) über resp. unter sich hat.

[2]) sed non ejusdem *soni*, aber nicht von demselben Tone, d. h. sie sind von derselben Tonart, stehen aber nicht auf demselben **Grundtone**. Nachdem Guido vorher ausdrücklich gelehrt, daß es nur **vier Tonarten** (modi) gebe, aber zwei Formen von jeder Tonart (habes duas formulas in unoquoque modo), so daß man acht Formen (formulae) habe, die auch die acht „**Töne**" (toni) genannt würden, kann man nicht annehmen, daß Guido hier noch weitere „**Töne**", d. h. einen neunten, zehnten Ton u. s. w. aufstellen wolle. Bei der Umständlichkeit, mit welcher er bisher Alles auseinandergesetzt hat, würde er dieses jedenfalls auch ausdrücklich ausgesprochen haben. Auch würde er sich in diesem Falle des Ausdruckes „tonus" bedient haben, statt des Wortes „sonus". Letzteres Wort sonus bezeichnet nämlich, im Allgemeinen gleichbedeutend mit vox, dasjenige, was wir „**Ton**" nennen, d. h. einen nach Höhe und Tiefe bestimmbaren Schall. Darum sagt Guido oben bald prima et quarta vox, bald primus et quartus sonus, zur Bezeichnung des ersten und vierten

istam differentiam, adjungunt unam vocem in acutis inter primam et secundam, ut sint duae secundae, et veniant duo toni et unum semitonium post D E F, sicut post a ♮ c in elevatione, et rursus d e f acutae possunt deponi duobus tonis, sicut a ♮ c quatenus nulla sit differentia inter D E F et inter a ♮ c, cum id, quod cantatur in a ♮ c et in D E F possit cantari [1]).

Tones A und D (quia cantus finitus sit in primo vel quarto *sono*, quia in his duobos *sonis* primus est modus). Der Ausdruck „Tonus" dagegen bedeutet zunächst „Tonstufe", steht sodann theilweise auch im Sinne von modus und tropus (Tonart). Daher heißt es bei Remigius Altisioborensis: „Inter *sonum* et *tonum* hoc distat, quod *tonus* est percussio duarum chordarum vel duae voces diverse inter se sonantes: *sonus* in una chorda fit estque vox aliqua uniformiter et aequaliter procedens", d. h.: Zwischen sonus und tonus besteht der Unterschied, daß der tonus durch den Anschlag zweier Saiten sich bildet oder durch zwei Töne von verschiedener Höhe (also unsere Tonstufe), der sonus dagegen entsteht durch Anschlag einer Saite und ist ein einförmiger sich gleichbleibender Klang (vox). An einer andern Stelle heißt es: „*Tonus* ex duobus *sonis*, id est ex duabus chordis diversis inter se invicem, continetur, id est ut gravior unus, acutior alter sit"; d. h. „der tonus (Tonstufe) besteht aus zwei sonis (Tönen), d. h. aus zwei von einander verschieden klingenden Saiten, so daß der eine Ton tiefer, der andere höher ist." — An unserer Stelle muß also sonus in dem oben angegebenen Sinne aufgefaßt werden, demgemäß dieselbe besagt, daß viele Gesänge zwar von derselben Tonart sind, aber nicht auf demselben Grundtone stehen, da die einen in primo sono A, die andern in quarto sono D schließen (quia in his duobus sonis primus est modus), oder die einen in secunda voce B, die andern in quinta E, in quibus secundus est modus, oder die einen in tertia C, die andern in sexta F, in quibus tertius est modus (cf. S. 36).

[1]) Der Sinn ist folgender: Um den Unterschied zwischen den Grundtönen D und a, E und ♮, F und c auszugleichen, schieben Einige (quidam) zwischen den ersten und zweiten hohen Ton a und ♮

fügen einen Ton in den hohen Tönen zwischen den ersten und zweiten Ton ein, so daß es zwei zweite gibt, und zwei Ganztöne und ein Halbton nach D E F folgen, wie nach a ♮ c beim Aufsteigen, und daß wiederum die hohen Töne d e f durch zwei Ganztöne absteigen können, wie a ♮ c, auf daß kein Unterschied sei zwischen D E F und a ♮ c, da dasjenige, was in a ♮ c gesungen wird, auch in D E F soll gesungen werden können [1]).

---

einen neuen Ton ein, so daß zwei secundae entstehen und durch Anwendung der neu eingeschobenen secunda vox nach D E F, wie nach a ♮ c aufsteigend zwei Ganztöne und ein Halbton folgen. Der neu eingeschobene Ton wäre also b rotundum (sa, b), wodurch die Fortsetzung von D E F jener von a ♮ c gleich wird, nämlich:

$$\begin{Bmatrix} D\ E\ F\ G\ a\ b \\ a\ \natural\ c\ d\ e\ f \end{Bmatrix}$$ (sa); ebenso die Fortsetzung von d e f nach

unten (absteigend) jener von a ♮ c, nämlich; $\begin{Bmatrix} b\ (sa)\ c\ d\ e\ f \\ F\quad\ \ G\ a\ \natural\ c \end{Bmatrix}$ und

wodurch die Möglichkeit gegeben wird, Alles, was auf den Grundtönen a ♮ c gesungen wird, auch auf den Grundtönen D E F singen zu können. Was Guido in Folgendem gegen den Gebrauch des Tones b rotundum (molle) (sa) vorbringt, hat allerdings seine Wichtigkeit. Auffallend aber ist es, daß Guido die Einführung desselben quibusdam minus plene pervidentibus istam differentiam zuschreibt, da doch den Griechen und auch Boëtius die trite synemmenon bekannt war und mit zum Systeme gehörte. Es scheint aber Guido nur gegen die Anwendung des b rotundum als wesentlichen Ton des Choral-Systemes und gegen die Verwendung desselben in solchen Stücken zu sprechen, welche auf a ♮ c geschrieben werden können. Wohl aber gibt er die Verwendung des b rotundum als Hilfston in solchen Stücken zu, wo es neben dem b quadratum zur Vermeidung des Triton eintreten muß. In seinem Micrologus c. VIII. sagt er nämlich: b vero rotundum, quia minus est regulare, quod adjunctum

4 *

Ut autem singulis vocibus sua proprietas permaneat, melius est, ut cantuum inspiciatur natura; et cum cantus hos tres tonos videatur admittere, fiat hoc in F G a ♮. Cum vero post duos tonos non nisi semitonium sumit, fiat hoc in c d e f [1]); praesertim cum pro hujus vocis additamento maxima confusio [2]) nascatur simplici-

---

vel molle dicunt, cum F habet concordiam et ideo additum est, quia F cum quarta a se ♮ tritono differente nequibat habere concordiam: utramque autem b ♮ in eadem neuma non jungas"; d. h. das b rotundum, welches, weil es weniger regelrecht ist, das beigefügte oder weiche genannt wird, steht in Harmonie mit F und ist deßwegen beigefügt worden, weil F mit dem von ihm aus gerechneten vierten Tone ♮, von welchem es um drei Ganztöne (tritono) entfernt ist, keine harmonische Verbindung finden konnte: beide Töne b rotundum und ♮ quadratum soll man aber in einer und derselben Tongruppe nicht mit einander verbinden." Des Tritons wegen wurde also das b rotundum eingeführt und muß es an solchen Stellen seine Verwendung finden, demgemäß es auch in manchen Gesängen neben dem ♮ quadratum stellenweise eintreten kann; nur soll es in einer und derselben Notengruppe (neuma) nicht mit dem ♮ quadratum verbunden erscheinen.

[1]) Wie oben schon angedeutet, will Guido das b rotundum (sa) nicht als wesentlichen Ton gelten lassen, weil dadurch die proprietas der einzelnen Töne (vox), d. h. jene Eigenthümlichkeit, die ihnen gemäß ihrer Stellung im Systeme und der daraus sich ergebenden Aufeinanderfolge von ganzen und halben Tonstufen zukommt, verwischt wird. Demnach soll man Stücke, welche z. B. dem fünften oder sechsten Tone auf dem Grund- oder Finaltone fa (F) angehören und immer durch den Ton sa (b rotundum) und nicht durch si (♮ quadratum) fortschreiten, die also den Ton sa [b rotundum] als wesentlichen Ton behandeln, nicht auf F (fa), sondern auf c (ut) schreiben, weil der Ton F, wenn man ihn immer durch G a b statt durch G a ♮ fortschreiten läßt, seine proprietas, dem Tone C gegenüber, ganz verliert. Die proprietas des Tones F gegenüber dem Tone C oder c besteht nämlich darin, daß F über sich drei

Damit aber den einzelnen Tönen ihre Eigenthümlichkeit verbleibe, ist es besser, daß man die Natur der Gesänge in's Auge faßt; und wenn der Gesang diese drei Ganztöne zuzulassen scheint, so soll es in F G a ♮ geschehen. Wenn derselbe aber nach zwei Ganztönen immer nur einen Halbton nimmt, so geschehe es in c d e f ¹), besonders da durch Beifügung dieses Tones die größte Verwirrung ²) für die einzelnen Ganztöne (F G a ♮) hat, wogegen C resp. c über sich zwei Ganztöne und einen Halbton (C D E F) nimmt.

²) Wirklich kann die Anwendung des b rotundum zu manchen Irrungen Veranlassung geben, und ist es demnach nicht immer gut, Choralstücke, welche in den alten Handschriften auf dem Grundtone ut (jonisch) geschrieben sind, ohne Weiteres auf fa mit sa als wesentlichem Tone zurückzusetzen, indem die Richtigkeit des Tones sa an manchen Stellen von Solchen, welche nicht wissen, daß das Stück ursprünglich auf dem Grundtone ut (jonisch) stand, wohl angezweifelt und das ♮ gestrichen werden könnte. Wenn man z. B.

folgende Stelle: [Notenbeispiel] ju - bi - la - ti - o - nis auf fa zurückstellt,

folgendermaßen: [Notenbeispiel] (sa) ju - bi - la - ti - o - nis, so würden wohl Manche versucht sein, das sa in si zu verwandeln, als der Tonalität des Lydischen (der proprietas des Tones F) mehr entsprechend. Damit hätten sie nach ihrer Meinung allerdings eine Verbesserung vorgenommen, während sie in Wirklichkeit mit Bezug auf die historische Richtigkeit der Melodie eine Fälschung begangen, indem die alten Handschriften übereinstimmend die Melodie auf ut notiren und mi *fa* sol (also in der Rücktransposition la *sa* ut) lesen. Daß in dieser Weise manche Verwirrung und Unklarheit in die Tonalität vieler Choralstücke gebracht wurde, weiß Jeder, der sich mit dem Studium der alten Handschriften genauer befaßt hat. Nicht unbegründet ist es darum, wenn Guido den Ton sa als **selb-**

bus. Nam si duae sunt secundae post primam, cum ad alteram semitonio, ad alteram vero tono prima ipsa jungatur, facile est videre, quod ipsa prima, ac per hoc et aliae contiguae voces duos habeant tonos; utpote prima, si eam semitonium sequitur, de proto transit in deuterum ¹); si autem duorum vel plurimorum modorum unam vocem esse liceat, videbitur haec ars nullo fine concludi, nullis certis terminis coarctari. Quod quam sit absurdum, nullus ignorat, cum semper sapientia confusa

ständigen Ton von dem Choralſyſteme ganz ausſchließen und nur da, wo der Triton F ♮ vermieden werden ſoll, den Eintritt des b rotundum an Stelle des ♮ quadratum geſtatten will.

¹) Die prima vox des Syſtemes iſt A (in gravibus) reſp. a (in acutis), die secunda vox iſt B (in gravibus) reſp. ♮ (in acutis). Durch Einſchiebung des Tones b rotundum erhält man alſo zwei secundae (in acutis), wovon die eine, nämlich ♮ quadratum, von der prima a um einen Ganzton entfernt iſt, die andere, nämlich b rotundum, um einen Halbton. Je nach Anwendung dieſer zweifachen vox secunda kann nun aber a ſowohl als Grundton für den primus modus (cf. S. 44) oder mit anderen Worten für den authentus protus und den plagis proti, wie auch für den secundus modus reſp. den authentus deuterus und plagis deuteri gelten. Inſofern näm=
lich a durch einen Ganzton (♮), einen Halbton (c) und wieder zwei Ganztöne (d e) fortſchreitet: (a ♮ c d e), iſt a als prima vox
            1 1/2 1 1
ähnlich der quarta vox D: (D E F G a) (cf. S. 48) und er=
              1 1/2 1 1
ſcheint mit letzterm Tone D als Grundton der erſten Tonart (primus modus). Inſofern aber a durch einen Halbton (b rotundum) und drei Ganztöne (c d e) fortſchreitet (a b c d e), iſt a als
                                                 1/2 1 1 1
prima vox in acutis ähnlich der quinta vox E (E F G a ♮) und
                                              1/2 1 1 1
erſcheint ſomit neben der secunda B und der quinta E als Grundton

fachen, schlichten Sänger entsteht, denn wenn es zwei zweiten Töne nach dem ersten gibt, indem der erste Ton selbst mit dem einen durch einen Halbton, mit dem andern durch einen Ganzton verbunden ist, so ist leicht zu erkennen, daß der erste Ton selbst und damit auch die andern anstoßenden Töne zwei verschiedenen Tonarten angehört; es geht nämlich der erste Ton, wenn ihm ein Halbton folgt, aus der ersten Tonart in die zweite über[1]); wenn aber ein Ton zweien oder mehreren Tonarten angehören könnte, so wird es den Schein haben, als ob diese Kunst sich in ein abgeschlossenes System nicht bringen, durch keine bestimmten Grenzen sich abschließen lasse. Wie sinnlos das wäre, wird Jeder einsehen, da immer die Weisheit Alles Verworrene und Unbestimmte von sich selbst

für die zweite Tonart, den secundus modus resp. den authentus deuterus und plagis deuteri. Diese Mehrdeutigkeit des Tones a und damit auch aller übrigen Töne muß aber nothwendig zu Verirrungen und Schwierigkeiten führen und dieses besonders, wenn in einem und demselben Stücke die beiden Töne b rotundum und ♮ quadratum neben einander eingeführt und damit zwei Tonarten zusammen vereinigt werden. Solche Stücke finden sich nicht selten in den alten Handschriften und scheinen schon vor Guido's Zeit, wie unsere Stelle beweist, sich gefunden zu haben. Zuweilen scheint aber die Einführung eines solchen b rotundum auch rein einseitig und willkürlich geschehen zu sein. Auch in diesem Sinne hat also Guido wohl Recht, gegen die Einführung des b rotundum neben dem ♮ quadratum als einer altera secunda vox sich auszusprechen. Insofern es aber zu Guido's Zeiten schon Choralstücke gegeben hat, in welchen zwei verschiedene Tonarten in der eben angegebenen Weise vereinigt sind, wird man wohl am Besten thun, solche Stücke nicht in einen der acht Haupttöne mit Gewalt einzuzwängen, was nur durch Vermodelung und Fälschung ihrer historischen Fassung geschehen kann, vielmehr wird es besser sein, sie als Ausnahmestücke, welche neben der Haupt-(Schluß-)Tonart zugleich eine andere Tonart mit einschließen, bestehen zu lassen und in der ursprünglichen Notationsweise wiederzugeben, wie z. B. die Communio: Beatus servus und viele Antiphonen des vierten Tones.

quaeque et infinita sponte repudiet. Quodsi quis dicat, hanc vocem ideo esse addendum, ut gravis F sexta usque ad superquartam supra lineam ad a per diapente possit ascendere, aut eadem sexta ad subquintam descendere, illud quoque debebit recipere, ut inter sextam F et septimam G alia vox addatur, ut naturalis secunda gravis B elevetur ad quintam, et eadem acuta deponatur ad quartam[1]). Quod quia a nemine est factum, hoc quoque a nemine est faciendum.

---

[1]) Der Sinn ist: Wenn Jemand deßhalb das b rotundum als selbstänbigen Ton des Systems, als altera secunda vox und zwar nicht nur in acutis, d. h. in der hohen Octave, sondern auch in der tiefen Octave (in gravibus) glaubt beifügen zu müssen, damit auch vom Grundtone F aus der Gesang durch die reine Quarte b (sa) zur Quinte aufsteigen oder umgekehrt zur reinen Unterquinte B (sa) [in unserm modernen Sinne] absteigen könne, so müsse er aus demselben Grunde zwischen die Töne F und G den Ton Fis einschieben, damit der Gesang beim Aufsteigen von tief H die reine Quinte (Fis) oder beim Absteigen von hoch h ($\sharp$ in acutis) die reine Unterquart Fis finde. Weil dieses Letztere noch von Niemanden geschehen sei, so soll auch jenes Erstere von Niemanden versucht werden. Die Begründung ist hier keineswegs sehr zutreffend, da schon die Gegenüberstellung der in Hinsicht der proprietas ganz verschiedenen Töne B (= H) und F eine verkehrte ist. H schreitet zunächst durch eine kleine Secunde (H C) fort, während F durch eine große Secunde (F G) sich fortbewegt. Der kleine Secundenschritt H C gibt aber der ganzen Bewegung von H aus mehr das Streben nach der verminderten Quinte F, als nach der reinen Quinte Fis, indem letzteres Fis mit dem auf H folgenden ersten Tone C einen Triton bildet, der nur erträglich wird, wenn die Melodie von H aus durch die Quinte Fis zur Sechste G weiter schreitet, dagegen dem musikalischen Gefühle widerspricht, wenn von H aus nur bis zur Quinte Fis soll fortgeschritten werden, in welchem Falle die verminderte Quinte F viel natürlicher und wohlthuender erscheint. In

schon zurückweist. Wenn aber Jemand behauptete, dieser Ton müsse deßwegen beigefügt werden, damit der tiefe sechste Ton F bis zur Oberquart über der Linie bei a zur Quinte aufsteigen könne, oder damit derselbe sechste Ton zur Unterquinte absteigen könne, so müßte er auch zugeben, daß zwischen dem sechsten Tone F und dem siebenten Tone G noch ein anderer Ton eingeschoben werde, damit der zweite tiefe Ton B naturalis zur Quint aufsteigen und derselbe hohe Ton zur Quart absteigen könne¹). Weil dieses aber von Niemanden bisher geschehen, so soll auch jenes von Niemanden versucht werden.

---

dieser Beziehung stehen die Töne F und H gerade in umgekehrtem Verhältnisse; denn wie das Aufsteigen von H aus nach der reinen Quinte Fis, so ist das Absteigen von F aus durch die kleine Secunde E (F⌣E) nach der reinen Unterquinte B (sa) wegen des Tritons E B unnatürlich und dem Gefühle widerstreitend. Es ist also nach natürlichem musikalischem Gefühle der Ton Fis als Oberquinte zu H ebenso wenig ein dringendes Bedürfniß, wie der Ton B als Unterquinte zum Tone F. Anders aber verhält es sich, wenn man den Ton Fis als Unterquarte des Tones h ($\frac{c}{g}$ in acutis) auffaßt. Denn wie die Melodie beim Aufsteigen von F aus des Tritons wegen die reine Oberquarte b rotundum sucht, falls sie nicht durch die Quarte zur Quinte (c) weiter schreitet, so müßte auch analog beim Absteigen von ♮ quadratum aus des Tritons ♮⌣F wegen der Ton Fis gesucht werden, falls nicht durch die Quart zur Unterquint c fortgeschritten wird. Hiernach ergibt sich allerdings aus inneren Gründen, daß mit Ausnahme der Vermeidung des Tritons weder der Ton Fis, noch der Ton b rotundum im Choralsysteme als wesentlicher Ton eine Stelle finden kann. Dagegen läßt sich mit dem allgemeinen Satze Guido's: „Weil das Eine noch Niemand gethan, darum soll auch das Andere Niemand versuchen", Nichts beweisen. Denn streng gefolgert müßte man sagen: Da Niemand bisher das Fis eingeführt hat, selbst nicht zur Vermeidung des Triton (♮⌣Fis), so soll auch Niemand das b rotundum, das doch Guido selbst in seinem Micrologus zur Vermeidung des Tritons anerkennt, einführen; sowie man umgekehrt folgern könnte: Da das b rotundum zur Vermeidung des Triton eingeführt und anerkannt ist, so muß auch

Igitur, sicut ex ipsa monstratur natura, et per B. Gregorium divina protestatur auctoritas, septem sunt voces, sicut et septem dies; unde et prudentissimus poetarum **septem** cecinit **discrimina vocum**; quam sententiam et ipsi philosophi pari concordia firmaverunt.

Interea curandum est, ut sciatur de qualibet neuma[1]), in quantis et qualibus sonis esse possit, vel non possit.

Potest enim fieri[2]) in tertio et in sexto et in septimo sono, quia hi tres soni duobus pariter tonis ascendunt, et ipsa symphonia duobus tantum fit modis.

Praeterea septima vox cum tertia in elevatione concordat[3]); utraque enim duobis tonis et semitonio

---

das Fis zur Vermeidung des Triton ♮ _ F anerkannt werden. Consequent ist es wenigstens nicht, das Eine anzuerkennen und das Andere zu verwerfen. Allerdings läßt sich bemerken, daß der Triton ♮ _ F, der nur in mixolydischen Cadenzen sich zeigt, wo das ♮ mehr in seiner Beziehung als Terz zum mixolydischen Grundtone G sich bemerkbar macht, dem Gefühle nicht in dem Maße widerstreitet, wie der Triton F ♮ bei lydischen Cadenzen, wo das ♮ zum Grundtone F immer in seinem Mißverhältnisse sich breit macht, wiewohl immerhin eine gewisse Verbildung des einfachen natürlichen musikalischen Gefühls erfordert ist, um Stellen wie h a G F G oder h c G F G ohne Anstoß hinzunehmen. An unserer Stelle spricht indessen Guido nicht von dem Triton, sondern von dem b als wesentlichem Tone des Systems. Darum heißt es auch im Texte: „Ut gravis F sexta usque ad superquartam supra lineam ad a per diapente possit ascendere" — „damit das tiefe F durch die reine Oberquarte zur Quinte aufsteigen könne" — (im Texte soll es jedenfalls heißen: „ut gravis F sexta per superquartam supra lineam ad a usque ad diapente possit ascendere", da das Andere keinen Sinn gibt) — wonach also das b rotundum nicht als Wechselton für ♮ quadratum zur Vermeidung des Tritons, sondern als wesentlicher Ton im ruhigen Fortgang der Melodie erscheinen soll.

So gibt es denn, wie aus dem Wesen der Sache selbst erhellt und durch den hl. Gregor kraft göttlicher Autorität bezeugt wird, nur sieben Töne, wie auch nur sieben Tage, weßhalb auch der gelehrteste Dichter sieben Entfernungen der Töne besingt; welchen Ausspruch die Philosophen selbst mit gleicher Uebereinstimmung bestätigt haben.

Unterdessen ist dafür zu sorgen, daß man von jeder Tonverbindung (Intervall)[1]) genau weiß, bei wie vielen und welchen Tönen dieselbe sich finden kann oder nicht.

Es kann dieses nämlich stattfinden[2]) auf dem dritten, sechsten und siebenten Tone, weile diese drei Töne in gleicher Weise mit zwei Ganztönen aufsteigen und die Melodie selbst nur in zwei Tonarten sich bewegt.

Außerdem stimmt der siebente Ton mit dem dritten Tone beim Aufsteigen ganz überein[3]), denn beide steigen mit zwei

---

[1]) Neuma, „Tonverbindung", hier wohl zunächst nur von der Verbindung zweier Töne zu verstehen, also gleichbedeutend mit „Intervall". — Man soll aber wissen, bei wie vielen und welchen Tönen (Grundtönen) jedes Intervall vorkommen kann, um sich nicht betreffs der Tonart (modus) oder des Tones (tonus, formula modorum) eines Choralstückes täuschen zu lassen.

[2]) Potest enim fieri „es kann nämlich geschehen" — hier scheint ein Zwischensatz zu fehlen. Dem Sinne nach soll es wohl heißen: Gleiche Intervalle können schon vorkommen auf dem Grundtone C (in tertio), F (in sexto) und G (in septimo sono), welche sämmtlich mit zwei Ganztönen (C D E, F G a, G a ♮ aufsteigen, also eine große Secunde und große Terz liefern, welche zudem überhaupt nur zwei Tonarten (modi) angehören, da auf den Grundtönen C und F der tertius modus seinen Sitz hat (S. 36) auf dem Grundtone G der quartus modus.

[3]) Alle Intervalle (d. h. die im Chorale überhaupt gebräuchlichen, wozu Sext, Septim und Octav nicht zählen) haben gemein die tertia vox C und die septima G beim Aufsteigen, indem beide durch zwei Ganztöne, einen Halbton und wieder zwei Ganztöne sich bewegen (C D E F G a, G a ♮ c d e) und so gleichmäßig eine

et item duobus tonis elevantur. Eadem quoque septima cum quarta concordat uno tono in elevatione, et in depositione tono et semitonio et duobis tonis in utroque cantatur similiter.

Prima quoque cum quinta¹) omnes depositivas neumas communiter facit; deponitur enim duobus tonis et semitonio. Itaque hae voces similes faciunt neumas, prima cum quarta; secunda cum quinta; tertia cum sexta, septima cum prima ²) vel cum tertia. Nulla autem vox große Secunde und Terz, reine Quart und Quint und große Sext einschließen. — Auch kommen gleiche Intervalle vor bei der septima G und quarta D und zwar aufsteigend eine große Secunde G‿a resp. D‿E und absteigend eine große Secunde (G‿F, D‿C, eine kleine Terz (G‿E, D‿B [= H]), die reine Quart (G‿D und D‿A) und die reine Quint (G‿C und D‿Γ).

¹) Prima quoque cum quinta. — Der erste Ton A resp. a (in acutis) hat alle absteigenden Intervalle gleich mit dem fünften Tone E; beide steigen ab durch eine große Secunde, große Terz, reine Quart, reine Quinte, große Sexte: a G F E D C, eben so E D C B A Γ.

1 1 ½ 1 1   1 1 ½ 1 1

²) Die hier gemachte Recapitulation des vorher über das Vorkommen gleicher Intervalle Gesagten scheint nicht ganz genau zu sein. Gleiche Tongruppen (Intervalle) bilden allerdings, wie schon weiter oben erklärt und auseinandergesetzt wurde (S. 44), der erste Ton A und der vierte Ton D, welche beide unter sich eine große Secunde (A Γ, D C), aufsteigend eine große Secunde, kleine Terz, reine Quart und Quint haben:

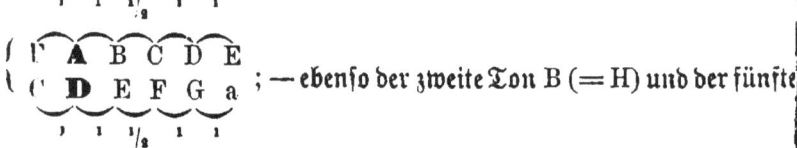

; — ebenso der zweite Ton B (= H) und der fünfte Ton E, welche beide absteigend eine große Secunde und große Terz, aufsteigend eine kleine Secunde, kleine Terz und reine Quart haben

Ganztönen und einem Halbton auf und weiterhin wieder mit zwei Ganztönen. Derselbe siebente Ton stimmt auch mit dem vierten überein; beim Aufsteigen wird nämlich in gleicher Weise ein Ganzton, beim Absteigen ein Ganzton, ein Halbton und zwei Ganztöne von beiden aus gesungen. Der erste Ton bildet auch mit dem fünften [1]) alle absteigenden Intervalle gemeinschaftlich; denn er steigt abwärts mit zwei Ganztönen und einem Halbtone. Daher bilden folgende Töne ähnliche Intervalle; der erste mit dem vierten, der zweite mit dem fünften; der dritte mit dem sechsten, der siebente mit dem ersten [2]) oder mit dem dritten. Kein Ton

$$\begin{Bmatrix} \Gamma & A & B & C & D & E \\ C & D & E & F & G & a \end{Bmatrix}$$; desgleichen der dritte Ton C und der sechste

Ton F, welche beide absteigend eine kleine Secunde, kleine Terz und reine Quarte, aufsteigend eine große Secunde und große Terz haben:

$$\begin{Bmatrix} \Gamma & A & B & C & D & E \\ C & D & E & F & G & a \end{Bmatrix}$$. — Die septima vox, der siebente Ton G, steht aber

als Grundton des vierten modus isolirt da, gemäß dem früher Gesagten: — ähnliche Tongruppen kann jedoch nach der eben vorausgegangenen Auseinandersetzung der siebente Ton G wohl bilden mit dem dritten Ton C oder dem diesem ähnlichen sechsten Tone F, da er mit C alle aufsteigenden

Intervalle gleich hat: $\begin{Bmatrix} C & D & E & F & G & a \\ G & a & ♭ & c & d & e \end{Bmatrix}$, und auch mit F, wenn des

Tritons wegen b rotundum statt ♮ quadratum eintritt: $\begin{Bmatrix} G & a & ♭ & c & d & e \\ F & G & a & b & c & d \end{Bmatrix}$

ultra quatuor elevationes vel depositiones habet, quia non potest gravari vel acui, nisi ad secundum vel tertiam, vel quartam vel quintam secundum sex species, quas supra dixi, id est, tono, semitonio, ditono, semiditono diatessaron et diapente. Nam cum vox aliqua ad secundam movetur, aut fit tono, aut semitonio; cum vero ad tertiam, ditono vel semiditono. Ad quartam vel quintam non fit nisi per diatessaron et diapente [1]). Intellige praeterea, quod in authentis ad octavas cantus a sua finali voce ascendit; descendit autem non nisi uno tono sub finali, excepta trito, qui a suo fine non deponitur, quia non habet sub se tonum, sed semitonium [2]). In plagis autem a finali voce ad quintam descendimus

— auch mit dem vierten Tone D hat der siebente Ton besonders absteigend gleiche Intervalle, kann also ähnliche Tongruppen bilden:

$$\begin{array}{ccccc} 1 & 1 & 1/2 & 1 & 1 \\ C & D & E & F & G & a \\ \Gamma & A & B & C & D & E \\ 1 & 1 & 1/2 & 1 & 1 \end{array}$$

— Wenn es aber hier heißt: septima cum *prima* vel cum tertia, so scheint hier ein Irrthum obzuwalten, da der siebente Ton G mit dem ersten Tone (A oder a) nur die große Secunde aufsteigend und absteigend gemein hat, dagegen gerade in dem am meisten charakterisirenden Intervalle der Terz aufsteigend und absteigend nicht übereinstimmt.

[1]) Der Sinn ist folgender: Von keinem Tone aus kann die Melodie in mehr als vier Intervallen aufwärts oder abwärts fortschreiten. Wie früher schon bemerkt, gibt es im Chorale überhaupt nur sechs Intervalle, nämlich 1. die kleine Secunde, 2. die große Secunde, 3. die kleine Terz, 4. die große Terz, 5. die Quarte, 6. die Quinte. Kleine und große Secunde, kleine und große Terz können aber bei keinem Tone zu gleicher Zeit vorkommen, vielmehr ist der Fortschritt von einem Tone zum folgenden (zweiten) Tone imme

hat aber mehr als vier aufsteigende oder absteigende Tonfortschritte, weil er nur erhöht oder vertieft werden kann bis zum zweiten, dritten, vierten oder fünften Tone, gemäß der sechs Arten von Intervallen, welche wir weiter oben genannt haben, nämlich um eine große Secunde, kleine Secunde, große Terz, kleine Terz, Quart und Quint. Denn wenn irgend ein Ton zum zweiten fortschreitet, so geschieht dieses entweder durch eine große oder kleine Secunde; schreitet er aber zum dritten fort so geschieht es durch eine große oder kleine Terz. Zum vierten und fünften Ton geschieht der Fortschritt nur durch die Quart und Quint[1]). Bemerke außerdem, daß in den authentischen Tonarten der Gesang von seinem Schlußtone aus bis zur Oktav aufsteigt; dagegen fällt er unter den Schlußton nur um einen Ganzton mit Ausnahme der dritten Tonart (modus), die unter den Schlußton nicht absteigt, weil sie unter sich nicht einen Ganzton, sondern einen Halbton hat[2]). In den plagalischen Tonnur entweder kleine o d e r große Secunde und der Fortschritt zum dritten Tone immer entweder kleine o d e r große Terz; der Fortschritt zum vierten Tone immer reine Quart und zum fünften Tone immer reine Quinte. Von einem und demselben Tore aus kann also die Fortschreitung auf- oder abwärts nur in vier Intervallen stattfinden. Es ist hierbei des Umstandes nicht gedacht, daß vorkommenden Falls durch Anwendung des b rotundum zur Vermeidung des Tritons in einem und demselben Tonstücke von einem und demselben Tone aus gerechnet kleine und große Secunde resp. kleine und große Terz dennoch stellenweise nebeneinander erscheinen können.

²) Bemerkenswerth ist hier der Satz, daß die Tonarten in authentischer Form vom Grundtone bis zur Octav steigen und unten einen Ganzton dem Octaven-Umfange beisetzen, m i t A u s n a h m e d e s d r i t t e n *modus* (in authentischer Form), d. h. also des 5. Tones, welcher seinen Umfang n i c h t u n t e r den Grundton erweitert. Noch bemerkenswerther ist der Grund, w a r u m der fünfte Ton seinen Umfang nicht unter den Grundton erweitert, weil nämlich hier der Ton unter dem Grundton nur um einen Halbton und nicht, wie bei den übrigen Tönen um einen Ganzton tiefer liegt. Es folgt hieraus, daß die Alten eine Cadenz mit dem Halbton überhaupt zu vermeiden

et ascendimus, nisi sit prolixior cantus, qui plagalem depositionem et authenticam elevationem habeat, quod tamen rarissime fit.

Principia quoque cantuum in omnibus illis vocibus esse possunt, quae secundum praedictas sex consonantias cum finali voce conveniunt [1]). Siqua aliter inveneris, ex ipsa raritate cognosces, quod sint auctoritate praesumta, non autem sunt regulae firmitate distincta. Illud autem quis non intelligat, quod de vocibus quasi syllabae et partes et distinctiones vel versus fiunt? quae omnia inter se invicem mira suavitate concordant, tantum saepe concordiores, quantum similiores [2]).

Haec pauca, quasi in prologum antiphonarii de modorum et neumarum formula rhythmice et prosaice suchten. Practisch findet man die Regel in den alten Handschriften vollständig durchgeführt, indem Gänge, wie sie in der Medicaea oft vorkommen, z. B.

ju - sti - ti - am   tu - - am.

oder   , oder gar in Schluß-Cadenzen
et De - us me - us.

ju - ven - tus tu - - a.   hier nie gefunden werden.

Wenn in den alten Handschriften zuweilen Stücke des 5. Tones den Umfang unter den Grundton erweitern, so steigen sie immer bis zur Terz oder Quart hinunter, gehören also mehr zu den „prolixior cantus", zu den ausgedehntern Gesängen, welche den Umfang der plagalischen und authentischen Form zusammen verbinden. Zu bemerken ist auch, daß überhaupt der Gesänge des fünften Tones, sowohl im Graduale wie im Antiphonar, verhältnißmäßig wenige vorkommen.

arten aber steigen wir vom Schlußtone bis zur Quint abwärts und aufwärts, wenn es anders nicht ein ausgedehnterer Gesang ist, der den plagalischen Umfang nach Unten mit dem authentischen nach Oben verbindet, was aber sehr selten geschieht.

Auch die Anfänge der Gesänge können auf allen jenen Tönen stattfinden, welche gemäß der vorgenannten sechs konsonirenden Intervalle mit dem Schlußtone übereinstimmen [1]) Wenn Du etwa zuweilen es anders findest, so magst Du aus der Seltenheit selbst erkennen, daß sie mehr auf eigenmächtigem Vorgehen beruhen, nicht aber durch eine feste Regel bestimmt sind. Wer aber sollte nicht erkennen, wie aus den Tönen gleichsam Silben und Satztheile und ganze Perioden oder Verse entstehen, welche alle untereinander mit wunderbarer Lieblichkeit in harmonischer Uebereinstimmung stehen, oft um so harmonischer, je ähnlicher sie sind [2]).

Dieses Wenige bildet ungefähr, wie das als Einleitung zum Antiphonarium über die verschiedenen Formen der Ton-

---

[1]) Nach dieser Regel können also Choralstücke mit allen jenen Tönen anheben, welche zum Schlußtone im Verhältnisse einer aufsteigenden wie absteigenden Secunde (groß und klein), Terz (groß und klein), Quart und Quint stehen. In der Praxis findet sich diese Regel nicht in ihrer Allgemeinheit bestätigt. Vielmehr gibt es gewisse Tonarten, welche einzelne in dieser Regel mit eingeschlossene Töne als Initialtöne nicht haben, wie z. B. die Choralstücke des 6. Tones mit „mi" (eine kleine Secunde unter dem Finaltone fa) niemals beginnen, ebenso nicht mit „la". Dagegen beginnen die Antiphonen des 3. Tones häufig mit „ut", also mit einem Tone, der eine Sexte über dem Grundtone „mi" liegt.

[2]) Hier weist Guido auf die schöne, ebenmäßige Gliederung der Choralgesänge hin, welche wir in den alten Handschriften bewundern, in den neuen gedruckten Choralbüchern der letzten Jahrhunderte vermissen, in denen unwissende Stümper häufig in ganz eigenmächtiger Weise die alten Melodieen beschnitten und verstümmelten, den Text ganz beliebig versetzten und so die gleichmäßige Vertheilung der Tongruppen auf die verschiedenen Textsilben gänzlich zerstörten.

dicta ¹) Musicae artis ostium breviter, forsitan et sufficienter aperiunt. Qui autem curiosus fuerit, libellum nostrum, cui nomen Micrologus est, quaerat ²); librum quoque Enchiridion, quem Reverentissimus Oddo ³), abbas luculentissime composuit, perlegat, cujus exemplum in solis figuris sonorum dimisi, quia parvulis condescendi, Boetium in hoc non sequens, cujus liber non cantoribus, sed solis philosophis utilis est.

---

¹) Dies bezieht sich auf die beiden Abhandlungen Guido's: Musicae Guidonis regulae *rhythmicae* in *antiphonarii sui prologum* prolatae" und „Item aliae Guidonis regulae de ignoto cantu indentidem *in antiphonarii sui prologum* prolatae". Die erste Abhandlung ist in Versen, die zweite in Prosa geschrieben.

²) Schon dieser Hinweis Guido's auf seinen Micrologus dürfte hinreichende Veranlassung bieten, auch diese Arbeit Guido's näher in's Auge zu fassen und zu studiren. Zudem ist es für das volle Verständniß des Choralgesanges von der größten Wichtigkeit, die historische Grundlage desselben zu kennen, ohne welche der Choral bald in Nichts zusammenfallen würde. Für den Choralgesang gibt es ja keine Gesetze, welche sich aus der Natur der Sache selbst herleiten ließen, ähnlich wie wir die Gesetze unserer modernen Harmonie aus der Natur des Tones und den damit verbundenen physikalischen Erscheinungen ableiten können. Für den Choralgesang gibt es bestimmte Regeln, die, wie wir bisher schon erfahren konnten, auf rein historischem Uebereinkommen beruhen. Daß z. B. die Choralgesänge keine größeren Intervallenfortschritte kennen, als die Quinte und diese nur in seltenen Fällen, meistens nur, wo sie als Repercussio zwischen Grundton und Dominante, wie im ersten Tone re-là und im siebten Tone sol-re auftritt, — daß die Gesänge des fünften Tones ihren Umfang nicht auf den Halbton unter dem Grundtone zurückgehen lassen, — auf welche sachliche Gründe könnten solche Erscheinungen zurückgeführt werden? — Und doch wird Jeder, der eine Choral-Melodie mit eingemischten Sexten- und Octaven-Sprüngen componiren würde, sofort verrathen, daß er das Wesen des eigentlichen katholischen Choralgesanges, wie die Kirche ihn von dem

arten und Tonverbindungen in poetischer und prosaischer Fassung (Gesagte¹), in Kürze den Eingang zur Kunst der Musik und wohl auch zur Genüge. Wer aber mehr hierüber wissen will, der nehme unsere Abhandlung, Micrologus betitelt, zur Hand²); auch mag er das sehr verständlich geschriebene Werk „Enchiridion" des hochwürdigsten Abtes Odbo³) durchlesen, dem ich nur in Bezug auf die Art und Weise der Darstellung der Töne nicht gefolgt bin, da ich mich zu den in der Kunst noch Unmündigen herablassen wollte und hierin dem Boetius nicht folgte, dessen Buch nicht den Sängern, sondern nur den Philosophen von Nutzen ist.

hl. Gregor erhalten hat, nicht erkannt und allseitig begriffen hat. Es handelt sich hier eben um Formen, wie sie der Künstler in allen Zweigen der Kunst durch das Studium historischer Denkmale einer klassischen Zeit am besten erkennen und verstehen wird.

³) Es ist der Tractat „Dialogus de Musica" von Odbo gemeint, den auch Gerbert in seinen Scriptores eccles. (Band I, p. 252 ff.) abgedruckt hat. In einem Codex von St. Emmeran ist der Tractat überschrieben: Dialogus, quem composuit Oddo abbas de arte musica, *qui enchiridion* dicitur, ähnlich in einem andern Codex: Dialogus de musica arte Domini Oddonis abbatis, quem enchiridion appelavit ob brevitatem vitae (cf. Gerbert Praefatio in Script. eccles. [tom. 1]). — Odbo der Heilige, aus einer adeligen französischen Familie stammend, machte seine Studien unter dem berühmten Remigius Altisioborensis (Rem d'Auxerre), von welchem er auch in frühester Jugend in der Musik unterrichtet wurde. Er wurde später Canonicus und erster Sänger (archicantor) an der Kirche St Martin in Tours (899), trat 10 Jahre später in das Kloster von Beaume in der Franche=Comté, wurde Abt zu Aurillac, dann zu Fleuri und endlich 927 zu Cluny, wo er am 18. November 942 starb. Sein Hauptwerk musikalischen Inhaltes ist der genannte „Dialogus", welcher in Fragen und Antworten die Eintheilung und den Gebrauch des Monochordes, den Ton und Halbton, die Tonarten u. s. w. behandelt. Andere dem hl. Odbo zugeschriebene Tractate und Fragmente scheinen andern Autoren anzugehören.